保元の乱・平治の乱

河内祥輔

吉川弘文館

目次

はじめに

保元《ほうげん》の乱（一一五六年）と平治《へいじ》の乱（一一五九年）は、日本史上でもひときわ有名な事件である。保元の乱と聞けば誰しも、崇徳上皇《すとくじょうこう》と後白河《ごしらかわ》天皇との兄弟の対立、摂関家における藤原忠実《ただざね》・頼長《よりなが》と藤原忠通《ただみち》との父子・兄弟の対立、源氏における為義《ためよし》・義朝《よしとも》父子の対立、平氏における忠正《ただまさ》と清盛《きよもり》との対立、というような人間関係を想い浮かべるであろう。合戦は鳥羽法皇の死去から九日後に起きた。後白河天皇方の軍勢は、鴨川を渡って崇徳上皇方の立て籠もる白河殿を攻撃し、短時間のうちに勝利をおさめた。その結果、崇徳上皇は讃岐《さぬき》国に流罪となり、忠実は幽閉され、頼長は逃亡中に矢傷がもとで死亡、為義をはじめ武士二十人ほどが死刑になった。この事件は確かに、天皇が流罪となる時代、武士が政治史の表舞台に登場する時代、武力によって紛争の決着が付けられる時代の幕開けを告げている。『愚管抄《ぐかんしょう》』の著名な一節、

　保元元年七月二日鳥羽院うせ《（亡）》させ給て後、日本国の乱逆と云《いう》ことはをこり《（起）》て後、むさ《（武者）》の世になりにけるなり、

のこの「むさ《（武者）》の世」になったという一句は、著者慈円が述べようとした真意は別にして（1）、かかる保元の乱のイメージを鮮やかに印象づけるものがあろう。

平治の乱の場合は、対立関係の基軸が二つあるとされている。一つは、信西《しんぜい》（藤原通憲《みちのり》）と藤原信《のぶ》頼《より》という後白河上皇の側近同士の対立、もう一つは、平清盛と源義朝という武将同士の対立であるといわれる。これも合戦の末、信西・信頼・義朝の三人は滅亡し、平清盛一人が勝ち残ることになった。ここから清盛が権力の座に昇りつめてゆく過程が始まる。保元の乱によって切り開かれた「中世」という時代の様相は、この平治の乱によってもはや不動のものに固められる。おそらく一般的に共有されているのは、このような見通しであろう。

本書は、この保元の乱と平治の乱について、その事件の経過そのものを調べ直してみようと思う。保元の乱・平治の乱がいかなる意味をもつ事件であったのか、それを見極めるためには、何よりも事件の経過そのものが明らかにされねばならない。そのような基礎的な作業はすでに終了済みかといえば、実は必ずしもそのように言い切ることはできないように思われる。再検討を加えるべき問題点が多々あるのではないかと気づいたことが、あらためて事件の経過を一から調べ直してみようと思い至った動機である。もとより不可解な疑問として残さざるをえない点もいくつかあるが、少なくともそれなりに納得し得た範囲において、卑見を述べてみることにしたい。

事件の経過を確かめるという基礎作業がはたされているかどうか、そこに検討の余地があるというのは、何よりもまず、史料の扱い方に問題が残されているように感じられるからである。保元の乱・平治の乱に関する史料はさほど多くはない。次にその史料の種類を挙げよう。

イ・『兵範記《へいはんき》』(2)

平信範《のぶのり》の日記。信範は蔵人《くろうど》・検非違使《けびいし》などを務めた後、保元の乱当時は散位《さんに》の五位（正五位下）であったが、関白藤原忠通家の家司《けいし》として頻繁に参院、参内し、行事に携わっていた。事件の現場にいた者のその日の記録として、最も信頼を置くに値する。ただし、残念ながら、平治の乱とその前後の時期の日記は伝存していない。

ロ・『百練抄《ひゃくれんしょう》』(3)

鎌倉時代後期に編纂されたとみられる編年体の史書。各種の日記が編纂の素材に使用されている点に価値を有するが、記事の典拠が明示されていないことや、編纂者による作文・加筆も多いとみられる点に注意を要する。記事の量は少ない。

ハ・『愚管抄《ぐかんしょう》』(4)

慈円《じえん》の著。保元の乱・平治の乱から六十年余り後の一二二〇年に成立したとみられる。慈円は関白忠通を父とし、保元の乱の前年（一一五五年）に生まれた。十一歳で出家し、天台座主《てんだいざす》に昇るが、実兄の九条兼実《くじょうかねざね》をはじめ、多くの貴族と親交をもち、そこで見聞した朝廷史の莫大な情報が本書に集積されている。父の忠通が死んだのは慈円が十歳のときであるから、父から直接その体験を聞くことはなかったであろうが、彼の周りには多くの事件関係者が生存しており、好奇心の強い彼は、事の真偽を当事者に確かめたり、事件当日の日記を見せてもらうなどの調査も行っている。事件に対するある種の思い込みや誤解が入り込むことは免れえないので、その点に十分の注意を払う必要はあるが、本書の提供する情報の豊かさと独自性はまことに価値が高く、その正確さにおいても、かなりの程度、信頼するに足るものがある。

二 『保元物語』『平治物語』(5)

両書ともにその成立は『愚管抄』よりも後に遅れるとみられる。事件史料としての質的価値を問題にするとき、この両書については厳しい見方が貫かれねばならない。この両書は、ある決められた筋立てに沿って事件を再構成し、一つの創作的叙述を行っている。「物語」としては当然のこのことが、事件史料としては致命的な欠陥になる。保元の乱の場合には『兵範記』という一級史料があり、それに拠って『保元物語』の誤謬を指摘することは容易であるが、平治の乱の場合は『兵範記』などの日記を欠くため、『平治物語』の誤謬を見究めることはそれほど容易なわけではない。そのため『平治物語』に対する見方に甘さが生じ、ともすれば、事件の経過が『平治物語』に全面的に依存して説かれる、ということにもなりがちである。卑見はこの両書に対しては、つねに疑惑の眼を持ち続けたいと考える。まずは出発点として、『保元物語』『平治物語』の筋立てをすべて白紙に戻して、この事件を見つめ直すことから始めるべきであろう。

ホ・その他、『今鏡《いまかがみ》』(6)『古事談《こじだん》』(7)などは、断片的ながら有益な内容の記事を含んでいる。

以上のように、本書の課題に照らせば、これらの諸史料の有効性の相違はかなり明瞭である。事件の経過を復元するという目的に大いに役立つ史料がある一方で、かかる目的にはなじみにくい史料もある。これらの評価に則って優先順位を付けるならば、保元の乱に関しては、

①『兵範記』、②『百練抄』、③『愚管抄』、④『保元物語』、

の順に、第一、第二、第三、第四の順位が付く。平治の乱に関しては、

①『百練抄』、②『愚管抄』、③『平治物語』、

の順に、第一、第二、第三の順位が付くことになる。

実際には、『百練抄』は記事が少なすぎるため、あまり活用できない。したがって、保元の乱においては、『兵範記』を中心にしつつ、それを補うものとして『愚管抄』が重視されることになる。平治の乱においては、『愚管抄』が考察の主軸に据えられることになろう。それに対し、『保元物語』『平治物語』については、むしろ一旦はこの両書の影響を断ち切ることが、基本的態度として求められるのではないかと考える。両書の記事の採用は、『兵範記』や『愚管抄』を補う内容などにかぎり、最小限にとどめることにしたい。

このような視点に基づいて事件を見つめ直すとき、そこに従来説かれてきたこととはさまざまに異なる様相が姿を現すことになろう。特に平治の乱については、従来あまりに『愚管抄』が軽視されす

ぎていたのではなかろうか。『愚管抄』の語る平治の乱は、『平治物語』の描く平治の乱と基本的な相違があるように思われる。

保元の乱についても、『保元物語』の影響は予想以上に大きい、ということに注意したい。無意識のうちに『保元物語』の知識が忍び込むと、そこに事実誤認を犯す可能性が生まれる。それゆえに、史料の優先順位をあくまでも守り抜く必要がある。『保元物語』は一旦閉じることにしよう。ましてや、平治の乱については、この見地は決定的に重要である。ここでも一旦『平治物語』を閉じて、まずは『愚管抄』を虚心に読まなければならない。

第一　保元の乱

一　皇位継承問題と摂関家の内訌

『愚管抄』は保元の乱の原因について、次のように述べる。

されば、世をしろしめす太上天皇《鳥羽法皇》と、摂籙臣のをや《親》のさき《前》の関白殿《藤原忠実》、ともにあに《兄》をにく《憎》みて、をとゝ《弟》をかたひき《片引》給て、かゝる世中《よのなか》の最大事をおこなはれけるが、世のすゑ《末》のかくなるべき時運につくりあはせてければ、鳥羽院《とばいん》・知足院《忠実》、一御心になりて、しばし天下のありけるを、この巨《こ》害《がい》の、この世をばかくなしたりけるなり。されど鳥羽院の御在生までは、ま《目》のあたり内乱・合戦はなくてやみにけり。(8)

保元の乱が起こるにいたった主要な要因は、皇位継承をめぐり鳥羽法皇が崇徳《すとく》天皇（兄）を斥けて近衛《このえ》天皇（弟）を愛し、摂関の地位をめぐり藤原忠実《ただざね》が忠通《ただみち》（兄）を斥けて頼長《よりなが》（弟）を愛した、その「巨害」にあるのだという。この皇位継承問題と摂関家の内訌《ないこう》がどのように絡みあっていたのか、まずは、その経緯と様相を追ってみることにしよう。

（一）摂関家の内訌

一一二九（大治四）年に白河院が死去し、鳥羽法皇の治世が始まった一一三〇年代は、朝廷全体にいまだ対立・分裂は表出せず、概して安定的な情況が続いた。白河院によって引退させられていた藤原忠実が政界に復帰し、摂関家の当主として貴族集団の中心にすわる。『愚管抄』に「鳥羽院・知足《ちそく》院《いん》、一御心になりて、しばし天下のありけるを」と言うのは、この時期を指している。忠実は法皇より二十五歳も年長であった。

摂関家は忠実の長男の関白忠通と次男の内大臣頼長を擁し、安泰そのものにみえた。忠通は妾腹の男子二人をすでに出家させており[9]、正室（宗子）の所生子が夭逝した後は[10]、男子に恵まれなかった。その一方、異母弟の頼長は一一二五（天治二）年に忠通の猶子《ゆうし》とされた[11]。忠通と頼長とは二十三歳という実の親子ほどの年齢差があるから、頼長はごく自然に忠通の後継者に目されていたと思われる。頼長が内大臣に任じられた一一三六（保延二）年の宣命《せんみょう》には、頼長は忠通の「長男」と記されている[12]。また、頼長は一一四三（康治二）年に四天王寺において祈請し、

若《も》し天下を接録（摂籙）するの時は、願はくば十七条憲法に任せ、これを行はん。此の心変ること無く、天下をして撥乱反正せしめん[13]、

と述べたが、この言葉にも摂関就任を確信し、かつ待望する彼の心情が溢れている。さらに、頼長の長子菖蒲丸《あやまる》（兼長《かねなが》）も摂関家の嗣子にふさわしい待遇を受けており[14]、忠通の猶子にもなることが予定

されていた。(15)

しかるに、転機はこの一一四三年に訪れる。この年、四十七歳の忠通にふたたび男子（基実《もとざね》）が誕生した。以後、忠通は九人の男子をもつことになるのだから、わからないものである。ここに摂関家は、あくまでも頼長を後継者にしようとする忠実と、わが子を後継者に立てようとする忠通とが、対立・抗争を始めることになった。

両者の対立が明瞭になるのは一一四五（久安元）年正月である。その正月五日、頼長の長子（兼長）と忠通の長子（基実）の餅戴《いただきもちい》の儀式が高陽院《かやのいん》において行われたが、頼長が基実に会ったのはこのときが最初であったらしい。彼はその印象を日記に、

件の児（基実）、去ぬる二月四日に此の院に迎へらる。本は其の母中納言典侍の宅に在り。殿下（忠通）愛さず。又、沙汰せずと云々。去々年生まるる所なり。(16)

と記している。忠通はこの三歳の長子を冷遇しているかのごとくみせかけたようであるが、それは忠実・頼長の目をそらすためであろう。

しかし、基実が摂関家の公式の場に登場したことに、頼長は少なからず動揺したらしい。頼長はその日の陣定《じんのさだめ》において、美福門院《びふくもんいん》（近衛天皇の生母）の意を受けた藤原伊通《これみち》（権大納言）の発言に反発して口論し、途中退席した上、さらに八日から二十日間にわたり出仕を拒み続けた。(17)伊通の妹は忠通の正妻（宗子）であり、伊通は忠通と特に親しい間柄にある。そのことが頼長の伊通に対する反感をか

きたてたのであろう。以後、忠通は伊通と結び、また美福門院との結び付きを強めてゆくことを考えれば、この日の頼長の行動のもつ意味は大きいといえよう。

また、頼長は、正月二十六日の日記にも忠通について、「利を貪《むさぼ》るの名、後代に流すべきもの」だとの批判を記しており、(18)これは忠通に対する非難の始まりになる。この後、ふたたび平穏を装う日々に一旦は戻るが、両者の対立はもはや抜き差しならぬものとなっていた。

(2) 近衛天皇と忠通

皇位継承問題が新たな展開をみせたのは、近衛天皇の誕生（一一三九年）と即位（一一四一年）である。鳥羽法皇と崇徳上皇との対立はここに始まるが、しかし、これはいまだ摂関家に亀裂の生じていない時期であったことに注意したい。法皇は貴族集団の全面的な支持を確保しつつ、自らの意思による皇位継承を進めることができた。

このとき、忠通は一つの有利な条件を獲得する。法皇は近衛が誕生すると、すぐにこれを崇徳の中宮聖子（忠通の女子。皇嘉門院《こうかもんいん》）の猶子とした。これは崇徳を宥《なだ》めるとともに、摂関家との協調を図ることを意図した措置であり、聖子の父忠通は、近衛の祖父の格式と役割を担うことになった。『愚管抄』には、

崇徳のきさき(后)には法性寺殿(忠通)のむすめまいられたる、皇嘉門院なり、その御子のよしにて、「外祖

の儀にて、よく〳〵さた《（沙汰）》しまいらせよ」と（法皇が忠通に）をほせ《（仰）》られければ、ことに心にいれて、
誠の外祖のほしさに、さたしまいらせけるに、[19]

とあり、また、近衛が一一五五（久寿二）年に死去した日の『兵範記』にも、忠通が「養祖の儀を兼ね」たと記されているように、[20] 忠通は近衛の「外祖」「養祖」とみなされていた。[21]

そもそも法皇は、何も忠通一人をことさらに選んだわけではない。忠実・忠通・頼長が一体となっている摂関家との関係を重んじただけである。しかるに、その後、忠実・頼長と忠通とが分裂・対立する段階になると、忠通は近衛とのこの親密な関係を占有するようになり、忠実・頼長はなかなかそこに割り込むことができなかった。忠通にとって、近衛との関係はかけがえのない価値をもつことになった。

貴族社会においては、一般的にいって、子が父に対立しながらその地位を維持する、ということはきわめて困難であろう。忠通になぜそれが可能であったのか、なぜ忠通は父に対抗しえたのか、なぜ関白の地位を失わなかったのか、その理由は、主としてこの近衛の「外祖」「養祖」の立場を保持し続けたことにあるのではないかと考えられる。

こうして、皇位継承問題と摂関家の内訌とは、構造的に連動する関係になった。

忠通が、忠実・頼長に対抗して、独自の行動を開始した事件は、近衛の后を選ぶ問題（入内《じゅだい》問題）である。[22] 近衛の后候補としては、早くから頼長の養女である多子（実父は藤原公能《きんよし》）にほぼ決定されて

いた。それは一一四二（康治元）年に近衛の大嘗祭が行われた折のこと、すなわち、摂関家の分裂がいまだ始まらない時期のことであった。

しかるに、忠通はこれに対し、藤原伊通の娘である呈子を后候補に推し始める。その運動は一一四八（久安四）年、呈子が美福門院の養女となることで姿を現した。この入内争いは、結局一一五〇（久安六）年、多子が皇后に、次いで呈子（忠通の養女となる）が中宮に立てられ、両方ともに実現の運びとなったが、法皇としても、両者の面子を立てる形で解決を図る以外にはなかったということであろう。

このとき多子はまだ十一歳であるのに対し、呈子はすでに二十歳であったので、忠通は呈子が先に皇子を産むことに期待をかけた。しかし、それはついに叶わなかったが、ともかくも忠通にとってこれは大きな成功であった。

業を煮やした忠実は、この年（一一五〇年）九月、忠通を義絶し、氏長者《うじのちょうじゃ》の地位を取り戻して、頼長を氏長者とした。父子関係の破局は決定的となる。しかしながら、この父権を振りかざした強硬手段をもってしても、忠通の死命を制するには至らなかった。法皇は忠実の要請した摂政忠通の解任に応じなかったのである。法皇は十二月、忠通を摂政から改めて関白に任じるとともに、翌一一五一（仁平元）年正月、頼長を内覧《ないらん》とした。ここでも法皇は、両者の面子が立つような妥協策を採り、紛争に自ら決着をつけることを避けた。

（3）忠通の守仁擁立案

五〇年代に入ると、摂関家の内紛に絡みながら、皇位継承問題が持ち上がった。

一一五一（仁平元）年九月、忠通は、頼長が親しい僧侶に「近日譲位有るべし」と語ったという情報を入手し、これを法皇に報告した。法皇もすぐにこれを忠実に伝え、真偽のほどを尋ねている(23)。忠通としては、忠通は親近衛派、忠実・頼長は反近衛派、という構図に持ち込もうとする意図のもとに、この種の動きをしているのであろう。この件の結末はわからない。

ただし、このときも依然として、法皇は両者に等距離を置く姿勢を崩していないとみられる。頼長の日記（『台記《たいき》』・『宇槐記抄《うかいきしょう》』）によれば、このころ、法皇は忠実・頼長に対してつねに好意的な態度を見せているが、おそらく、そのような態度は忠通に対しても同様なのであろう。

転機は一一五三（仁平三）年である。この年、皇位継承問題はにわかに現実性を帯び、新たな方向に進むことになった。すなわち、『台記』九月二十三日条(24)に次の記事がある。

禅閤《（忠実）》仰せて曰《いわ》く、（中略）法皇語りて曰く、『天子《（近衛）》は偽りの疾《やまい》か。去ぬる比《ころ》、関白《（忠通）》申して曰く、「上《（近衛）》の疾病、将《まさ》に明《ひかり》を失はんとす。志遜譲《そんじょう》に在り。将に雅仁《まさひと》親王の息童（件の童、将に出家せんとす。仁和寺法親王覚法の弟子たり。）に禅《ゆず》らんとす」と。朕《われ》これを許さず。関白奏請《そうしょう》すること再三。朕答へて曰く、「既に重事たり。独り決する能《あた》はず。将に入道《（忠実）》と其れを議定《ぎじょう》せん」と。其の後、関白此の事を奏せず。美福門院内に入る時、上疾を称し、暗室に在りてこれに謁《まみ》ゆ。仍て女院、御躰に見《まみ》えずと云々。朕疑ふ所は、関白、己が力を以て幼主を立て、政を摂り、以て威権を専らにせんと欲す。是に以て、天子に勧《すす》め進《たてまつ》るに遜譲を以てす。朕の許さざるを恐れ、上をして疾を称せしめんかと。関白の結構此くの如し。朕と子（忠実）と即世《そくせい》せば、天下将に乱れんとす。ああ哀しきかな。』已上、法皇の仰せ。

法皇は忠実に重大事を語った。忠通が近衛の譲位を法皇に進言したというのである。近衛と忠通とは、それについてすでに合意しているらしい。しかも、忠通は皇位継承候補者として、「雅仁親王の息童」（二条天皇。守仁《もりひと》）を具体的に推薦したという。注目されるのは、皇位継承問題に守仁が初めて登場したことである。

本来、忠通は近衛の在位を有利とする立場にあった。その彼が近衛の譲位を言い出した理由は、引用文にあるごとく、近衛の病気にあるとみて間違いない。この時点において、法皇はまだ病状の深刻さを正確に認識していないのか、あるいは、その深刻さを認めたくはなかったのか、忠通の謀略であるかのように発言したという。しかし、実のところ、二年後の死に向かって、近衛の病は確実に進行していた。特にこのころ、近衛は六月以来病床にあり、失明の危機に瀕していた。母の美福門院が見舞ったときも、寝所は真っ暗にされていたという。このような状態では、近衛を療養に専念させるためにも、譲位を不可避とする論議が起こるのも当然であろう。忠通は率先して、法皇に譲位の決断を促したわけである。こと皇位継承問題となると、忠通が先手を取り、忠実・頼長は後手に回る、という傾向が窺われよう。ただし、法皇は譲位案を容れなかったし、美福門院も譲位に賛成していない様

子にみられる。(25)

法皇は、「既に重事たり。独り決する能はず。将に入道と共れを議定せん」と、忠通に伝えたという。これは、皇位継承問題のような重事について忠実に相談も無しに決めることはないと、目の前にいる忠実を安心させようとした言葉である。だが、この時点においては、それは法皇の半ば本心であるようにも思われる。にわかに皇位継承問題が浮上したことに対する戸惑いとともに、両者の意見の調整を重んじる姿勢を保とうとするかぎりは、この問題の決着は難しいことになろう。当面は現状維持に収まるしかなかった。

したがって、法皇は、「朕と子と即世せば、天下将に乱れんとす」と、発言することになった。この文句は著名であり、法皇は自分の死後に保元の乱が起きることを予測していた、とする見解もよく見かけるが、それは保元の乱という歴史上の事実を知っている者の陥りがちな解釈である。法皇があのような合戦の勃発を予測していたわけはない。ここに言う「天下」の「乱れ」とは、皇位継承問題が摂関家の内訌に巻き込まれ、政争の具にされるような事態のことであろう。法皇はそのような不安に襲われたのである。

これまで法皇は、つとめて摂関家の内訌に介入せず、摂関家自身による解決に俟つ態度をとってきた。問題が生じれば、両者のバランスをとる方法によって当座の対決を回避した。そのような対応が可能であったのは、皇位継承問題との関わりがなかったからである。しかるに今、その情況は変化し、法皇は皇位継承問題に直面することになった。もはや法皇は態度を変えざるをえなくなるであろう。「天下」が「乱れ」る危険を断つためには、遠からず取捨選択の決断を迫られることになろう。この発言は、その瀬戸際に至る以前の、まだ迷いと不安の中にある法皇の心境を覗かせている。

それでは、忠通は次の皇位継承者として、なぜに守仁を推薦したのであろうか。この忠通案のポイントは、皇位継承者を雅仁親王（後白河天皇）ではなく、その男子の守仁とするところにある。父の親王を差し措いて、子が即位したという例はいまだかつてない。実現すれば、まさに前代未聞の皇位継承となる。なぜにこのような提案がなされたのか。忠通の意図について、法皇と忠実との間では、忠通の狙いは幼帝を擁して専権を握ることにあるのではないかとする話が交わされているが、的を射た捉え方とは思われない。おそらくは、彼らはわざと核心に触れることを避けたのであろう。

忠通の立場になって考えるとき、欠くことのできない視点は、近衛との親密な関係である。これが忠通の行動の機軸になっているはずである。このことを念頭に置きつつ、一一五三（仁平三）年九月の時点において忠通がいかなる問題に直面していたか、その状況をながめてみよう。

この年の夏ごろまで、忠通はまったく別の期待に胸を膨らませていた。前年、忠通の養女である中宮呈子が懐妊したとされ、お産の準備に入ったからである。(26) 願いは勿論、皇子の誕生である。もし期待通りに呈子が男子を出産すれば、その男子は皇太子に立てられるはずであった。法皇もそれに異存のあろうはずはなかった。しかるに、お産の予定月とされたこの年の四月を過ぎても、一向にその気配はなく、秋に至ったのである。[27] この九月ともなれば、もはや懐妊は誤りであったと認め、お産は諦めざるをえなくなっていた。このお産が空騒ぎに終わった結果、忠通は面目を失う。法皇の忠通に対する辛口の批判も、このことが背景にあろう。

こうして忠通の目論みは外れたが、一方でこの間、近衛の病状が悪化し、譲位は急を要する情況になった。[28] 忠通には次の機会（ふたたび呈子が今度こそ本当に懐妊し、皇子が生まれる時）まで待つことが許されず、皇位継承者の用意を迫られることになったのである。しかしながら、忠通は次の機会を諦めるわけにはいかない。あくまでも呈子に近衛の男子が誕生することを今後に期待しつつ、当面の譲位問題を処理しなければならないということになる。つまりは、将来に近衛の男子の皇位継承が保障されなければならない。近衛が直系の地位を将来にわたって確保することのできるような譲位でなければならない、ということである。忠通はこの条件に適う候補者を選んだ。

このとき皇位継承候補者としての資格を備えていたのは、重仁《しげひと》親王（崇徳上皇男子）と雅仁親王の二人である。しかし、忠通はどちらも選ばなかった。なぜならば、この二人はともに近衛の地位を脅かすからである。重仁の即位は、崇徳の直系化に繋がるであろう。雅仁の即位も、彼自身が直系となる道を拓く。近衛が直系の地位を確保しうる保障には全くならない。

そこで忠通は守仁擁立案を唱えることになった。引用文にもあるように、守仁はすでに一一五一（仁平元）年十月に九歳で仁和寺《にんなじ》の入道覚性《かくしょう》親王の弟子となっており、[29] もうすぐに出家を遂げるはずの身であった。その彼を忠通が選んだのは、この皇位継承資格が否認されつつあることに着目したからであろう。その上さらに、その父（雅仁）を即位させないという措置が加えられるならば、守仁は、たとえ即位したとしても、傍系（一代限り）にしかすぎないという特徴が明示されることになる。それによって、近衛の直系としての地位は保障を得るのである。忠通の意図を以上のように理解したい。

このとき守仁擁立案は実現をみず、近衛の在位はそのまま継続された。守仁はその後もたびたび仁和寺に赴き[30]、依然として出家の道を歩んでいるかにみえるが、しかし、彼の出家はついに実行されなかった。忠通のこの奇策は、たしかに守仁を皇位継承候補者の一人に押し上げたといえよう。同時に、それは崇徳を傍系の位置に追いやる力として働いた。

（4）後白河天皇の即位

それから二年後、一時回復したかにみえた近衛天皇は、一一五五（久寿二）年六月からふたたび病床についた。七月に入って重態が続いた後、二十三日の昼、ついに内裏（近衛殿）で死去する[31]。数日前には生母の美福門院が見舞いに訪れており[32]、もはや最期と悟ったようであるが、譲位は行われず、そのため近衛は出家を遂げることなく死去したのであった。法皇と美福門院は臨終に駆けつけようとしたらしい。しかし、すでに死去したとの報告を受け、そのまま鳥羽殿に留まった[33]。

法皇はすぐに皇位継承者を決定しなければならなかった。『兵範記』によれば、法皇は、午後四時ごろ、まず忠通に関白の地位を保証する旨を伝える。さらに、高松殿を新しい内裏とすること、故近衛天皇の葬儀の責任者に藤原伊通《これみち》（彼は忠通派である）を充てることを忠通に伝えた。(34) これらの法皇の指示は、この時点において、法皇がすでに一定の方針を選択したことを意味している。

この後、法皇は夜を徹して思案する。鳥羽殿では側近の源雅定《まささだ》（元右大臣。前年に出家）と藤原公教《きんのり》（権大納言）の二人が法皇の相談に預かり、忠通との間で何度も使者が往来し、「王者の議定《ぎじょう》」が行われた。こうして翌日の早朝にようやく皇位継承者が決定される。それは法皇の四男の後白河天皇（雅仁）であった。(35)

このように『兵範記』によれば、皇位継承者の決定に半日余りを要したのであるが、その事情はどのように理解できるであろうか。まず、五年後の記述であるが、一一六〇（永暦元）年に美福門院が死去したことに関わって、『山槐記《さんかいき》』に藤原伊通の談話が次のように伝えられている。

美福門院崩ずる事、（中略）然れども服は恩に依ると云々。（中略）而るに当今（二条）即位の事、故鳥羽院思《おぼ》し食《め》し立つは、女院（美福門院）襁褓《むつき》の中より養育し奉らる、彼の院の事を思し食すに依るなり。而るに父即位せず、子即位する事、先例有りと雖も、見存の父を置き乍《なが》ら、其の子即位の例無し。仍て当院（後白河）践祚《せんそ》有り。相継ぎ当今（二条）即位有り。院と云ひ、内と云ひ、彼（美福門院）の恩、争《いか》でか謝し尽さしめ給ふべけんや。(36)

後白河上皇と二条天皇の父子は、ともに美福門院の恩によって即位したと語られている。しかし、具体的な即位事情において、父と子には明瞭な相違があった。美福門院が即位させたいと望んだのは二条（守仁）であり、故法皇はこの美福門院の意向を尊重して二条の擁立を決めたという。それに対し、後白河はその二条の父という理由で即位したにすぎない。後白河の即位は形式を整えるためのものであり、彼自身が望まれて即位したわけではなかった。

この記事の話題は美福門院の喪事にあるので、どうしても美福門院中心の話にならざるをえない。あたかも二条の擁立は美福門院の意思より出たことであるかのように書かれているが、前述のごとく、二条擁立案を最初に提示したのは忠通であった。忠通派の伊通はその間の事情をよく知っていたはずであり、それは衆知のこととして、この話を語っているのであろう。二年前の忠通の提案が、ここに至って法皇と美福門院に受け容れられた、と理解すべきであろう。

しかしながら、問題は後白河の即位にある。忠通は二年前の提案と同じように、今回も後白河を皇位継承から外す意見を述べたのかというと、実はそうではなかった。彼こそが後白河の即位を進言したのだということが、彼の男子である九条兼実《かねざね》の日記『玉葉《ぎょくよう》』に記されている。ほぼ三十年後、兼実は父忠通と後白河法皇との関係について、高階泰経《たかしなのやすつね》（後白河の近臣《きんしん》）に次のように語った。

昔、法皇（後白河）御宇の始め、近衛上皇御事の後、誰を以て主為るべきかの由、鳥羽院此れを法性寺入道相国（忠通）に問ひ仰せらる。即ち、奏するに我が君の御事を以てす。彼の言に従ひ、践祚《せんそ》すること已《すで》に了ぬ。彼の時、猶冥鑒《めいかん》を恐るるに依り、両三度是非を言《もう》さず。只勅断を請ふ。叡問再三に及ぶ

の時、道理を以て奏達す。(37)

兼実はこの話を慈円にも語ったのであろう。慈円は『愚管抄』にこの話をさらに詳しく敷延《ふえん》して、次のように叙述している。ちなみに兼実と慈円とは同母の兄弟で親しかった。

院はこの次の位のことを(思)ぼしめしわづらいけり。四宮《しのみや》にて後白河院(雅仁)、待賢門院《たいけんもんいん》の御はら(腹)にて、新院崇徳に同宿してをはしましけるが、いたくさたゞしく御あそびなどありとて、即位の御器量にはあらずとをぼしめして、近衛院のあねの八条院(暲子)ひめ宮なるを女帝か、新院一宮(重仁)か、この四宮の御子二条院のを(幼)さなくをはしますか、をなどやう〳〵にをぼしめして、その時は知足院(忠実)どの・左府(頼長)といふことはなくて、一向に法性寺殿(忠通)に申あはせられける。御返事たびたび、「いかにも〳〵君の御事は人臣のはからいに候はず。たゞ叡慮《えいりょ》にあるべし」とのみ申されけるを、第四度のたび、「ただはか(計)らわせ給へ。この御返事を大神宮の仰と思候はんずるなり」と、さしつめてをほせられたりけるたび、この勅定の上は、「四宮、親王にて廿九にならせをはします、これがをわしまさん上は、先これを御即位の上の御案こそ候はめ」と申されたりければ、「左右《そう》なし。其定にさたせさせ給へ」とてありければ、（中略）雅仁親王（中略）高松殿にて、御譲位の儀めでたくを(行)こなはれにけり。(38)

これによれば、法皇は雅仁（後白河）の即位に消極的であった。法皇は雅仁について、「即位の御器量にはあらず」という厳しい評価さえ下したという。法皇はむしろ、二年前の忠通案をそのまま受け容れようとしたのではなかろうか。それに対し、忠通は自らの提案を修正して、雅仁の即位を進言し、これを実現させたことになる。

法皇の行動として注目されるのは、近衛が死去した時点を境に、分裂した摂関家に対する態度に変化がみられることであろう。すなわち、『兵範記』によれば、法皇は忠通に関白の地位を保証するとともに、「王者の議定」(皇位継承者の決定)に参加させたのであり、そこから忠実・頼長は排除されたのである(『愚管抄』)。[39]皇位継承問題の解決を緊急に迫られたとき、法皇はもはや、両派の顔を立てるような曖昧な態度をとることはなかった。妥協の余地のない問題であったためである。

法皇が忠通との連携に踏み切ったとき、皇位継承問題の基本方針はすでに固められていたとみなければならない。このときの皇位継承候補者には、『愚管抄』も記すように、重仁(崇徳男子)、雅仁、守仁の三人が挙げられようが、もし法皇が彼らの中の誰にするか、迷っていたのであれば、法皇は忠実・頼長を排除することなく、両方から意見を徴したであろう。つまり、法皇が忠通を登用し、忠実・頼長を無視する行動に出たということは、すでにその時点において、法皇は守仁を皇位継承者に決めていた、と解されてよいのではなかろうか。

守仁の擁立が確定していたとすれば、法皇は半日余りも何を思案していたのか。それは守仁の父親、雅仁の処遇の問題であった。法皇は、雅仁を即位させずに済ますことができるかどうか、それで貴族の合意を得ることができるかどうか、模索したのである。その具体的方法としては、まず一つに、守仁自身をすぐに即位させる幼帝案がある。さらにもう一つに、暲子《しょう》内親王(近衛天皇の同母姉。八条院)を先に即位させる女帝案が浮上した。暲子を中継ぎ役に立て、次に守仁を繋ごうとする案であるが、この女帝案は、『古事談』の伝えるところによれば、源雅定によって提案されたらしい。[40] これらの案が忠通に打診されたが、忠通はいずれの案にも賛意を示さなかった。そこで最終的に法皇はこれを諦め、忠通の進言にしたがって、雅仁の即位を承認することになる。

以上のように捉えてみると、問題は二つ残される。一つは、なぜ法皇は雅仁の即位を避けようとしたのか。もう一つは、なぜ忠通は逆に雅仁の即位を是としたのか。

この問題を考えるヒントは、二年前の守仁擁立案にあろう。前述のごとく、忠通が近衛から守仁への譲位(雅仁の不即位)を提案した意図は、近衛の直系としての地位を守ることにあったとみられる。将来は近衛の子孫が皇位を継承し、守仁は一代限りの傍系に終わる、という成り行きが展望されていた。しかるに、その肝心の近衛が子孫を残さずに死去してしまったこの段階において、なおかかる提案が実行される場合、守仁は一代限りに終わるはずはなく、直系の担い手として即位することになるはずである。それでは、守仁はその直系としての地位を誰から受け継ぐのか、そこにポイントがあろう。雅仁を即位させない意味は、この点に関わるのではないか。つまり、法皇の意図は、近衛をあくまでも直系の地位に置き、近衛から守仁に直系が継承されたとする形を作ることにあると理解できよう。そうであれば、雅仁はむしろ即位させてはならないことになる。

法皇は以上のような直系構想の実現を図った。女帝案はその一環であり、それは暲子が近衛の同母姉であることによって成り立つ案である。その狙いは幼帝案の唐突さを和らげ、近衛から守仁への直系継承の理念を公然化し、その合意の形成に時間的余裕を与えることにあろう。この案に想定される女帝の性格は、七・八世紀に実在した女帝の役割と基本的に変わるものではない(41)。

それでは、忠通はなぜかかる法皇の意図に従わなかったのであろうか。忠通の立場からみると、二年前の提案は、近衛の男子が呈子に産まれることを期待してこそ、意味のあるものであった。今はその望みが断たれ、提案の前提条件は崩れ去った。死去した近衛との「外祖」「養祖」の関係にしがみついても、それは空洞化してゆくだけであろう。

この二年前の忠通案について、ふたたび『台記』仁平三年九月二十三日条を参照すると、前出の引用文（本書一四〜一五頁）に続いて、忠実は頼長に次のような感想を語ったと記されている。

此の事を案ずるに、関白(忠通)狂へるか。彼の童(守仁)即位せば、又雅仁親王猶《な》ほ在り。親王如《も》しくは政を専らにせん。豈《あ》に関白をして執権せしめんや。関白案ずる所、至愚至愚。(已上、禅閤の仰せ。)

雅仁がおとなしく引き下がるはずはない、雅仁と忠通との間には激しい対立が起きる、と忠実は見た。雅仁についての人物評価も含めて、この忠実の立てた予想は活かされるべきであろう。忠通自身もおそらく同じ危険性を感じていたであろう。守仁擁立を提案したことによって、忠通はすでに崇徳とは対立関係に入っていた。ここで二年前の提案通りに雅仁が不即位となれば、忠通はさらに雅仁とも対立関係を作ることになる。もし法皇が死去した場合、それで果たして持ちこたえることはできるのか。守仁はまだ年少である。しかも、忠通が何としても摂関の地位を継承させようとしている長男の基実は、このときまだ十三歳にすぎない。忠通はこのようなきわめて厳しい情況の中で、忠実・頼長との抗争を続けていた。

したがって、忠通にとって、近衛の死去という事実のもつ意味は決定的に重要であった。忠通はこの新たな形勢を見据えて、自分の足場を固め直さねばならない。つまり、忠通の立場からみると、雅仁を排除する必要性は、近衛の死によってもはや消滅したのである。雅仁との対立を作ることは、むしろ有害無益でしかない。となれば、忠通は自己の政治的立場を強化するために、当然の選択として、雅仁との連携に踏み切ることになろう。

『山槐記』や『愚管抄』の伝える忠通の発言内容は、父からまず即位させるべきだというものである(42)。これに対し、次の『古事談』の伝える内容は、少しニュアンスが異なっている。

　近衛院崩御《ほうぎょ》の時、後白川院は帝位の韵(韻)外に御《おはしまし》けり。八条院をや女帝にするゐたてまつるべき、又、二条院の、今宮(雅仁)の小宮とて御坐《おはしま》しけるをや付け奉るべき、など沙汰ありけるに、法性寺殿(忠通)、「今宮の、(待賢門院)后腹にて御坐するを置き奉られながら、争《いかで》か異議に及ぶべし、」と計ひ申さしめ給ひ、受禅すと云々(43)。

この記事では、忠通は、雅仁は「后腹」、即ち、法皇の中宮待賢門院の所生子である、という理由で彼の即位を進言したという。この言い方は、雅仁自身が直系の資格をもって即位する、という内容に解釈することが可能であろう。はたして忠通がこのような発言を実際にしたかどうかは確かめられないし、法皇（および美福門院）に向かってかかる発言をするとはむしろ考えがたい。しかし、忠通の本心は、この『古事談』に的確に言い表されているように感じられる。

結局、法皇は、近衛を直系の位置に置こうとする意志を曲げなかった。そこで妥協策として、雅仁を中継ぎ役として即位させることになった。中継ぎ役としての性格は、雅仁が皇太子に立てられなかったことに表現されている(44)。皇太子に立てることは、たとえば光仁《こうにん》天皇などの例に依拠すれば可能なはずであり、あえて立太子《りったいし》を行わないことに意図するものがあると捉えるべきであろう。立太子を欠く前例としては光孝《こうこう》天皇があり、それは明らかに中継ぎ役としての即位であった(45)。

法皇にとって、真の皇位継承者は守仁であった。守仁はこの年の九月に皇太子に立ち、十二月に元服を加えた後、翌一一五六（保元元）年三月、姝《しゅ》子内親王を妻に迎えた(46)。姝子は美福門院所生の法皇の皇女（近衛・暲子の同母妹）であり、守仁の即位後に中宮に立てられる。この婚姻は、守仁が近衛の後継者であることの証しであった。

法皇は、このとき同時に、摂関選任問題にも一定の決着をつける。忠通が関白に再任される一方、頼長は内覧《ないらん》に再任されなかった。ただし、頼長は失脚させられたわけではなく、左大臣には再任されている(47)ことに注意しなければならない。法皇のとった措置は穏和である(48)。しかし、内覧の地位を失ったことに強い不満を持った頼長は、以後出仕せず、「籠居《ろうきょ》」を続けることになった。(49) 一方で頼長はなお氏長者《うじのちょうじゃ》であり、忠実・頼長と忠通との対立は厳しく、摂関家の内訌は依然として継続した。

そして一方で、後白河と忠通との連携が成立する。それらが保元の乱の伏流となった。

二　鳥羽法皇と崇徳上皇の確執

保元の乱を解く重要な鍵は、法皇と崇徳《すとく》との関係にある。その実態が最もよく表に現れたのは、法皇の死去の場面であった。法皇はどのように死を迎えたのか、そのとき崇徳はいかなる行動をとったのか、それを追跡することによって、二人の関係の実相を探ってみよう。

(一) 鳥羽法皇の死去

鳥羽《とば》法皇は一一五六（保元元）年七月二日、鳥羽殿の中の安楽寿院《あんらくじゅいん》御所で死去した。五十四歳であった。その日の『兵範記《へいはんき》』によれば、法皇は以前から体調不良であったが、五月二十二日以後病状が悪化し、ついに死去に至ったとある。

『兵範記』に記事を拾うと、五月十三日に催された法勝寺《ほっしょうじ》千僧御読経に法皇は欠席している。すでに体調は思わしくなかったものとみえる。二十一日には食事の摂れない症状の治療に灸《きゅう》も施されたが、以後、連日のように容態の悪化を告げる記事が続く。しかるに、三十日条になると、法皇の御悩、猶《なお》大事に御《おはしま》す。殊《こと》に御祈を行はれず。偏《ひとえ》に御万歳の沙汰《さた》有りと云々。

とあり、翌六月一日条にも、

御悩同様に御坐《おはしま》す。日を経て御不食陪増す。御腹・手足等腫れしめ給ふと云々。息災の御祈は一切始めず。左大将（藤原公教）奉行《ぶぎょう》す。一向に御万歳の沙汰と云々。

とある。すなわち、この時点において、病気回復の祈禱《きとう》（「息災の御祈」）は取り止められ、専ら「御万歳の沙汰」が取り計らわれることとなった。もはや平癒《へいゆ》・延命《えんめい》を願わないということは、つまり、法皇が自らの死を覚悟したことを意味しよう。「御万歳の沙汰」とは臨終《りんじゅう》（「万歳」）を迎える作法を言う。法皇は浄土往生を遂げるための行業に専念することにしたのである。(50)

「御万歳の沙汰」は、従来、法皇の死去により起きると予想される事態に対する措置、という意味に解されているが、それはこの記事の文脈から逸脱する解釈であろう。なぜ「御万歳の沙汰」ということがここで言われているのか、それを理解するには平安時代以降の中世の人々に共有された往生観を踏まえる必要がある。

この時代の人々は臨終の迎え方をひときわ重んじた。浄土往生が叶うかどうかは、臨終に際し、現世への思いをすべて捨て去って、ひたすら往生のみを一心に祈ることができるかどうかに懸かっている、と考えられていたからである。(51) 延命を祈ることは現世への執着にほかならない。ゆえに、死を覚悟した時点から、法皇は「御祈」を止め、現世への思いを断ち切り、ただ往生のみを念じつつ、死を迎えようとした。その導者《どうじゃ》には大悲山峰定寺《ぶじょうじ》から三瀧聖人西念《さいねん》（観空《かんくう》）が招かれている。六月十二日には美福門院が出家を遂げる。二十一日に法皇はいよいよ危篤に陥り、なお重態が続いた後、七月二日の午後四時ごろに息をひきとった。

その夜、遺体は納棺され、安楽寿院の塔に納められた。(52) 葬儀は法皇の近臣である三条公教《きんのり》（権大納言・左近衛大将）が執行し、信西入道《しんぜい》（藤原通憲《みちのり》）が取り仕切った。法皇は生前、葬儀の役人に信西らの八人を指名していたほか、「遺詔」に葬儀の手順を実に事細かに書き残していた。

葬儀の参列者は意外なほど少数である。二日夜に参列した公卿《くぎょう》は、三条実行《さねゆき》（太政大臣）・徳大寺実能《とくだいじさねよし》（内大臣）・三条公教・徳大寺公能《きんよし》（中納言）・藤原忠能《ただよし》（参議）・藤原光頼《みつより》（参議）のわずか六人にすぎない。これは法皇の「遺詔」によって、葬送の「御共人」が「近習の公卿・侍臣」らに限定されていたためであろう。徳大寺家と三条家は鳥羽法皇の生母につながる外戚であり、この縁者と近臣のみが葬儀に参列したのである。

翌三日は「内大臣（実能）以下公卿・侍臣、済々参会す」とあり、人数は増えたように読める。(53) 八日の初七日法要には、実能・公教・藤原重通《しげみち》（中納言）・公能・藤原忠雅《ただまさ》（権中納言）・藤原経宗《つねむね》（権中納言）・忠能・源雅通《まさみち》（参議）・源師仲《もろなか》（参議）・藤原伊実《これざね》（参議）・光頼の十一人が参列した。(54) 少し増えてはいるが、このとき公卿の総数は二十九人であるから、全体から見ればまことに少ない。ただし、公卿の中、頼長《よりなが》（左大臣）は厳しく排斥され、きわめて険悪な状況の中にあったので、その男子兼長《かねなが》（権中納言)・師長《もろなが》(同)とともに、この三人は総数から除いてよいが、参列者はそれでも全体の半数にも満たず、やはり意外に少数の感がある。

そもそも関白忠通《ただみち》はこれらの葬儀に参列しなかった。また、大納言の藤原宗輔《むねすけ》・同伊通《これみち》、権大納言の同宗能《むねよし》・同成通《なりみち》らの長老たちの名もそろって見られない。忠通はこの間、亡母のための仏事を営んでいたが、それが法皇の葬儀に参列しない理由になったとは思われない。忠通はじめ多くの公卿の不参加は、おそらく法皇自身の遺志によるものであろう。法皇は朝廷あげての盛儀よりも、身内中心の小規模な葬儀を望んだのではなかろうか。

後白河天皇も葬儀に参加しなかったが、それは天皇であれば当然ともいえようか。それにしても、後白河は見舞いにも一度も鳥羽殿を訪れた様子はない。おそらくは、それも法皇の意思に従ったことなのであろう。

(2) 崇徳上皇の見舞い

崇徳上皇は、鳥羽法皇が病床に臥して以後、一度鳥羽殿に赴いたことがある。『兵範記』六月三日条の次の記事である。

入夜、新院(崇徳)鳥羽殿に御幸し、即ち還御《かんぎょ》す。或る人云はく、御幸は田中殿に成り、事の由を申され、院御所(安楽寿院)に幸ぜず。何ぞ況《いわん》や御対面に及ばずと云々。

この記事は、普通、崇徳は父法皇の見舞いに赴いたが、面会を拒否され、空《むな》しく帰還した、という趣旨に解釈されている。それは法皇の臨終の際に崇徳が冷たい仕打ちを受けたという後日の事実に依拠するものであり、その死の一ヵ月前から、すでに法皇の崇徳に対する冷たい仕打ちは始まっていた、という捉え方になる。しかしながら、卑見はこの解釈に不安を覚えざるをえない。その疑問点は、父子の二人は当然に面会するべきものとする見方が前提にされているところにある。面会するのが当たり前なのかどうか、その見方次第で評価は大きく変わることになろう。そこでこのときの状況に目を向けてみると、この場合は二人が面会しないことの方が当然なのではないか、という判断が得られるように思われる。

過去にも「御対面」のなかった例がある。一一四九（久安五）年正月、崇徳は「朝覲《ちょうきん》」のために法皇御所を訪れたが、「御対面」は行われなかった。その理由は、前年十二月に叡子内親王（近衛天皇の同母姉）が死去したことにあろう。(55) 法皇はその喪に服していたために、面会を避けたのではないかと推測される。

このような例から類推すると、この場合は六月三日の日付に注意しなければならない。前述のごとく、法皇は自らの死を覚悟した五月三十日以後、「御万歳の沙汰」（浄土往生の行業）に専念するようになった。したがって、これ以後は俗人との交わりを断とうとしたはずである。それは我が子の崇徳であっても同じことであろう。崇徳もそれを心得ていたから、法皇御所に直接赴くことはせず、田中殿に入り、そこから見舞いの挨拶を送るという形を取ったのであろう。とすれば、二人の「御対面」がなされないことに不思議はない。ことさらに法皇が面会を拒否したと解する必要はない。

なおこの記事について付言すれば、「何ぞ況や」の語を被せて強調しているように、日記の記主の関心は「御対面に及ばず」という事実に向けられている。その関心のありかを探ると、それはこのことによって、法皇の「御万歳の沙汰」が真実であると確かめられたことにあろう。崇徳とも面会しなかったという事実を知らされたとき、人々は法皇の死が迫りつつあることを実感したのであった。

法皇と崇徳の対立は、近衛天皇の死去の後、後白河・守仁《もりひと》父子が皇位継承者に選ばれたことによって決定的になったことに間違いはなかろう。しかし、それは対立関係の生まれた原因であって、その対立関係が表面化するのかどうか、さらに、いつどのような形で表面化するのかということは、また別の問題である。後白河践祚・守仁立太子の後も、表面上、崇徳の立場に変化は見られなかった。たとえば、守仁立太子の翌月、法皇と崇徳の二人はそろって鳥羽殿に守仁を迎えているように(56)、まだ外面は平穏な生活が装われていた。その状況は翌年のこの六月に至るまで、なお引き続き保たれていたとみなされる。世間にさらされることのなかった父子関係の内実が一挙に表面化したのは、法皇の臨終の場であった。

(3) 法皇の臨終における崇徳の動向

法皇の臨終に際して、崇徳は安楽寿院御所に駆けつけたが、法皇との対面をはたせなかった。『兵範記』七月二日条に次のようにある。

　今日、御瞑目の間、新院臨幸す。然れども、簾外より還御すと云々。御塔に渡御《とぎょ》の間、又臨幸せず。

寝殿造では建物の中央の母屋《おもや》とその外側の廂《ひさし》の間との境に御簾《みす》が懸けられる。崇徳が「簾外より還御」したというのは、御所には入ったが、法皇の寝所である母屋の中までは入らないまま帰還した、という意味であろう。臨終の法皇と崇徳との対面はなかったのである。さらにその夜、法皇の遺体は塔に納められたが、その葬儀にも崇徳は参列していない。この異変はどのような事情によって起きたのであろうか。

法皇の臨終の様子を伝える史料は二つある。『愚管抄《ぐかんしょう》』と『古事談《こじだん》』であるが、はじめに『古事談』の記事を引用しよう。

　待賢門院（璋子）は白川院御猶子《ゆうし》の儀にて、入内《じゅだい》せしめ給ふ。其の間、法皇（白河）密通せしめ給ふ。人皆これを知るか。崇徳院は白川院御胤子と云々。鳥羽院も其の由を知らし食《め》して、叔父子とぞ申さしめ給ひける。これに依り、大略不快にて止ましめ給ひ畢《おわん》ぬと云々。鳥羽院、最後にも惟方《これかた》（時に廷尉佐。）を召して、「汝許《なんじばかり》ぞと思ひて仰せらるるなり。閉眼之後、あな賢《かしこ》、新院（崇徳）にみすな、」と仰せ事ありけり。案の如く、新院、「見奉らん、」と仰せられけれど、「御遺言の旨候、」とて懸け廻り、入れ奉

らずと云々。(57)

『古事談』の成立は鎌倉時代初期とされているが、この話自体は文中に登場する藤原惟方によって、もともと語られたものとみなすことができよう。惟方は法皇の側近に仕え、確かにこの時は右衛門権佐・検非違使(「廷尉佐」)であった。この後、後白河・二条両天皇の側近となり、平治の乱に活躍するも、一一六〇(永暦元)年三月に流罪に処されて出家、鎌倉時代初頭まで存命している。これは法皇臨終の現場にいた者の証言として貴重である。

まず、この話の後半部を取り上げよう。法皇は「自分の死後、崇徳に見せるな」と惟方に命じ、それによって惟方は崇徳を「入れ奉ら」なかったという。法皇の「閉眼之後」云々の台詞を受け、「案の如く(予想通り)」崇徳が「見奉らん」と言ったと続く文脈からすると、崇徳が訪れたのは、法皇がすでに息を引き取った後であったことになる。

臨終後に法皇が崇徳に見せまいとしたもの、また、崇徳が見たいと望んだもの、それは法皇自身の死顔であると解するのが順当であろう。したがって、惟方が崇徳を「入れ奉ら」なかった場所とは、法皇の寝所であることになる。崇徳は法皇の遺体に対面しようとして、その遺体の横たわる母屋の中に入ろうとしたところを、惟方によって阻止されたと推測される。この情景は、『兵範記』の「簾外より還御」の記述に合致している。時間的にも「御瞑目の間、新院臨幸」とあることに矛盾しない。『古事談』のこの部分は、『兵範記』の記事を補充する内容となっている。

次に、『愚管抄』の記事を引用しよう。

（法皇は）うせ《亡》させ給にけり。その時、新院《崇徳》まいらせ給たりけれども、内へ入れまいらする人だにもなかりければ、はらだち《腹立》て、鳥羽の南殿の人もなき所へ、御幸の御車ちらし《散》てをはしましけるに、まさしき法皇の御閉眼のときなれば、馬車さはぎあふに、勝光明院《しょうこうみょういん》のまへのほどにて、ちか《平親範》のりが（中略）まいりあいたりけるを、うた《打》せたまいけるほどに、目をうちつぶされ《打潰》たりとのゝ《罵》しりけるを、すでに今はかうにてをはしましけるにまいりて（中略）女房の、「新院のちかのり《親範》が目をうちつぶさせたまひたりと申あひ候」と申たりけるをきか《聞》せをはしまして、御目をきらりとみあげ《見上》てをはしましたりけるが、まさしき最後にて、ひきいらせたまいにけりとぞ、人はかたり侍し(58)。

今この世を去ろうとしている者の耳に入れるべき話でもあるまいに、法皇は崇徳が人の目を打ち潰したというショッキングな事件の噂を聞かされ、「きらり」と目を見開いたのを最期に息を引き取ったという。法皇と崇徳とのただならぬ因縁をひときわ印象深く伝える叙述である。

ただし、崇徳が平親範の目を打ち潰したというのは全くの誤報であった。『愚管抄』の著者慈円は、後年、親範本人から事件の真相を聞き取り調査し、その事実を確認している。諍いは崇徳の従者の放った飛礫《つぶて》が親範の車に当たった程度のことであり、親範は目の下を負傷して出血したが、それは親範が車から飛び降りたときに自分で作った傷であった(59)。

ところで、この『愚管抄』の記事は、一見、『古事談』と矛盾するかのように見える。『愚管抄』によれば、崇徳は法皇御所（鳥羽東殿安楽寿院）を訪れたが、中に入れてもらえず、かなり離れた鳥羽南殿に回った(60)。その北隣の勝光明院前で親範との事件が起き、この事件の噂が法皇の耳に届いた時が法皇の臨終であったことになるから、崇徳が最初に法皇御所を訪れたのは、臨終よりも少なくとも一、二時間は早い時刻でなければならない。しかるに『古事談』に語られているのは臨終後のことである。この両者はどのように整合するであろうか。

前述のごとく、『古事談』の記述は信頼できそうである。それでは『愚管抄』の方に何らかの錯誤があるのであろうか。しかし、それも考え難い。なぜならば、第一に、慈円は当事者の平親範に事実関係を直接質したのであり、場所や時間は確認済みと思われる。第二に、話の筋に一貫性があり、疑問点が見つからない。この点を検討しよう。

もし錯誤があるとした場合、考えられる想定は、崇徳は法皇御所を訪れようとしていた途中で親範との事件を起こしたのではないか、ということであろうが、これは無理といえよう。京から安楽寿院を訪れるには、鳥羽作道を南下し、鳥羽殿入口の北門から北大路を東進し、東殿に至る、という道筋を通るのがごく普通であった。南殿は方向違いであり、安楽寿院に向かうのであれば、南殿に回るはずはない。また、南殿は美福門院御所であって、崇徳自身の住邸ではないから、崇徳にことさら南殿に立ち寄る必要があったとも思われない。

となれば、『愚管抄』が述べるように、南殿の前に来たのは駐車をするためであり、それは南殿付近は人通りが少ない（北大路から外れているため）からだ、というのは納得できることであろう。安楽寿院御所に入ることができず、どこかで待機せねばならなくなった、という話の筋に合うことになる。ただ、法皇の臨終が迫るにつれ、その南殿付近も混雑がつのり、事件が起きる結果となった。

したがって、この『愚管抄』の記述は事実の一端を伝えるものであり、『古事談』も『愚管抄』も、ともに活かされるべき史料である。崇徳は、法皇の臨終前と臨終後との二回、安楽寿院御所を訪れたと認められよう。一度目は御所に入ることが叶わず、一旦、南殿付近で待機した後、臨終後にもう一度訪れ、そのときは御所には入ったが、母屋の中に入ることを拒まれて退出したのであった。このように崇徳の行動を追うことができよう。

それでは、一度目に訪れたとき、なぜに崇徳は御所に入ることができなかったのであろうか。注意されるのは、そこで崇徳は引き返したわけではなく、臨終の時まで待機し、ふたたび御所を訪れるという行動をとった点である。これを重ね合わせてみれば、理由はやはり、『兵範記』五月三十日条・六月一日条の「御万歳の沙汰」にあるとみなされるのではなかろうか。六月三日にも法皇は崇徳に面会しなかったように、俗人に会わないという法皇の行業は、臨終に至るまで貫かれたのであろう。崇徳もそれを承知の上で訪れたのであろう。『愚管抄』には「腹立ちて」とあるが、これは慈円の推測による表現であろう。崇徳はこの時点では御所に入れないことを了解していたので、そのまま臨終の時の来るまで待機することにしたものと思われる。

そうなると、問題は臨終の後に起きた事態である。死後となれば、当然に父の遺骸に対面できるものと崇徳は思い込んでいたであろう。それを拒まれたことは、崇徳にとってまったく予想外の出来事であったに違いない。本当の「腹立ち」はこの時点であろう。これはどのような事情によるのであろうか。ふたたび『古事談』の記事に戻ることにしよう。

(4) 法皇の遺言の意味

『古事談』の記事の全体を取り上げると、その前半部には、崇徳の出生の秘密という重大事が伝えられている。崇徳は白河院（鳥羽法皇の祖父）と待賢門院（璋子《しょうし》。鳥羽法皇の中宮）との「密通」により生まれたのであり、崇徳の実の父は白河院であるという。「叔父子」の言葉が頗《すこぶ》る印象的であるし、法皇はこの秘事を知ったゆえに崇徳を疎んじた、という説明はきわめて分かりやすい。この『古事談』の説をいかに受けとめるか、重要な論点である。

この説の信憑性については、従来も見解の相違がある。これを全面的に信頼し、この説を機軸にして、白河・鳥羽「院政」の政治史を組み立てようとする論者もいる一方、この記事を全面的に疑い、史料的価値を認めない論者もいるなど、さまざまに分かれる。

これは『古事談』のみが伝える秘話であり、一般的には警戒心をもって当たるべきものといえようが、この記事にかぎっては、ある程度史料としての活用が可能であろう。前半部と後半部は話の筋として一体であるから、前述のごとく、前半部の情報源も惟方とみなしてさしつかえない。法皇は崇徳を寝所に入れない役目を惟方に託したとき、その理由として崇徳出生にまつわる疑惑を惟方に語った、とみるのが最も自然であろう。後半部が十分に信頼のおけるものであるならば、前半部についても、その史料的利用の可能性を慎重に探る必要がある。

そこでこの史料を読み直してみるとき、不審に感じられるのは、崇徳は実は我が子ではないという事の重大性に比して、法皇が崇徳に加えた仕打ちは軽微に過ぎるのではないか、という疑問である。法皇はただ死顔を崇徳に見せまいとしただけである。やり方も崇徳の体面がさほど汚されずにすむ程度のものであったといえるのではないか。

たとえば、崇徳を母屋に入れない役目を側近の惟方一人に託したというのは、事を大っぴらに行うのではなく、むしろ内々に運ぼうとしたものとみられる。「汝許《なんじばかり》ぞと思ひて」の文句は、いかに法皇の信任が厚かったかという惟方の自慢話には違いないが、法皇としては、ごく内輪の問題として処理したい事柄であった、という事情を語るもののように感じられる。

確かに法皇は崇徳との対面を嫌ったが、それ以上に崇徳を排斥しようとした形跡はない。つまり、葬儀全体から崇徳を締め出そうとしたとはいえないように思われる。父の子に対する押さえ難い感情の発露であったとはいえても、崇徳の太上天皇《だいじょうてんのう》としての立場を否定しようとか、傷つけようというごとき意図にまで及んだとは認められそうにない。なぜ法皇は、崇徳をより徹底して排斥するなどの厳しい態度に出なかったのであろうか。

この疑問を解消し、法皇の行動を整合的に理解するには、この記事の断定的な書き方にとらわれない見方が必要ではなかろうか。記事は法皇が「密通」を事実として確信しているかのごとくに書かれている。これをそのまま受け取ったのでは、法皇の行動の説明がつかない。おそらく法皇の心にあったものは、確信ではなく、不確かな疑惑にすぎなかったのではなかろうか。それを惟方には確信しているかのように語るというのもありえることであろう。実際には不確かな疑惑の念でしかないとすれば、現実の行動は控え目にならざるをえない。崇徳に対する仕打ちは、心のわだかまりを晴らすことができるくらいのところでよかったのであろう。

法皇が死の迫ったこの時期に、かかる心の内奥を語ったというのは、これも往生の願いに関わることであろう。往生を遂げるためには、現世に対する執念をすべて捨て去らねばならないと考えられていた。雑念があっては、往生のみを一心に祈ることはできないからである。したがって、現世に対する思いは、残らず吐き出してしまうことが、往生の行業になる。崇徳に自分の死顔は見られたくない、という思いもその一つである。往生を叶えるには、もう死顔を見られる心配はない、という安心感を得る必要があった。それが崇徳の心をひどく傷つけることになろうとも、死を迎えようとする法皇としては、もはや自己の往生のみがすべてであったといえよう。

もしも崇徳にいま少しの我慢強さがあったならば、寝所に入るのを阻まれたときに激昂せず、怒りをこらえてその場は退き、その夜の葬儀に何食わぬ顔で参列する、という行動をとることもできたのではなかろうか。そうなれば、その後の情況の展開は、かなり異なる様相を呈したはずである。

しかしながら、崇徳は自制できなかった。父の「御遺言」によって遺骸との対面を拒まれるとは、崇徳もまったく予想していなかったらしく、その衝撃に彼は冷静さを失ったようである。その夜の葬儀に欠席したのは、彼自身の意思になるボイコットとみなされよう。続いて、翌三日の葬儀にも崇徳の姿はない。さらに『兵範記』七月八日条の法事の記事に、「新院、臨幸せず」とあり、彼のボイコットは八日の初七日法要まで続いていることがわかる。この間、彼は鳥羽田中殿に引き籠もっていた。

これが保元の乱の発端となった。

(5) 法皇と崇徳の関係の経緯

ところで、法皇は、崇徳の出生に関する疑念をいつごろから心に抱いたのであろうか。それはどれほどの意味を持つのであろうか。もとより確定しがたいことではあるが、十二世紀前半期政治史の捉え方に関わる問題であるので、ここにその検討を加えておきたい。

法皇と崇徳との微妙な関係について、その由来を辿れば、崇徳の誕生にまで遡ることは確かである。法皇がまだ十七歳で在位の天皇であった一一一九（元永二）年、中宮璋子（待賢門院）に長男の崇徳が誕生した。崇徳は直系の皇位継承者として、すぐに立太子されるのが当然とみられ、勿論、白河院もそれを望んでいたのであるが、鳥羽天皇は祖父白河院の意に反して、独自の動きをみせた。関白藤原忠実《ただざね》の娘泰子を妻に迎えたいという相談を、直接、忠実に持ちかけたのである。もし璋子とともに泰子が后に並ぶとなれば、崇徳の地位は大きく揺らぐことになろう。鳥羽天皇の行動は、崇徳を必ずしも直系と認めているわけではないということの意思表示であったと解される。

これに激怒した白河院は、翌一一二〇（保安元）年、忠実を勅勘《ちょっかん》に処し、内覧を停止するという強硬措置を取って、鳥羽天皇の動きを牽制した。忠実は関白を忠通に譲り、宇治に蟄居《ちっきょ》する。以後、鳥羽天皇も白河院の在世中はまったく従順な態度を守るようになり、一一二三（保安四）年、鳥羽から崇徳への譲位が行われた(61)。

このような崇徳の誕生にまつわる波乱をみると、『古事談』の記事はまさに正確なのではないか、という感想が生まれよう。「叔父子」説（崇徳の実父は白河院であると鳥羽法皇は信じたとする説）は、この局面にかぎれば、きわめて説得力を発揮する。しかしながら、その後の展開を一一二〇年代から三〇年代、四〇年代へと辿ってゆくと、この「叔父子」説では説明しがたい事実がいろいろと現れる。一一五〇年代半ばに至る三十年間の過程を総括すれば、「叔父子」説の有効性には、むしろ否定的評価を下さざるをえない。

たとえば、白河院が一一二九（大治四）年に死去し、鳥羽法皇の世になると、法皇は自己の意思を次々に実現した。忠実を政界に復帰させ、泰子を皇后に迎えている。しかし、崇徳の在位はそのまま継続された。結局、崇徳は一一四一（永治元）年まで、長期にわたり在位している。崇徳を退けようとすれば、それはできたはずである。四男の雅仁《まさひと》（後白河）や五男の本仁《もとひと》（覚性《かくしょう》）など、代わりの候補者には事欠かない。よって一一三〇年代は、法皇自身の意思として崇徳を在位させたことになる。この時期、法皇は崇徳をほぼ直系として認めていたとみなされよう。

また、法皇は待賢門院との間に五男二女を儲けている。待賢門院と不仲であったわけではなさそうである。

崇徳が直系から外されてゆくようになる端緒は、近衛天皇（生母は美福門院得子）の誕生である。それは一一三九（保延五）年であり、近衛は法皇の八男であった。中高年になって寵愛する妻に生まれた子を直系に立てようとするのは、他の天皇の事例にも見られることである。(62)『百練抄《ひゃくれんしょう》』によれば、近衛は生後三ヵ月で「皇太子」に立てられ、その二年後に「皇太弟」として崇徳から譲位された。(63)この「皇太子」から「皇太弟」への変化は何を意味するであろうか。『愚管抄』はその事情について、次のように伝える。

（忠通は）「その定にて譲位候べし」と申されければ、崇徳院は「さ候べし」とて、永治元年十二月に御譲位ありける。（中略）その宣命《せんみょう》に皇太子とぞあらんずらんとを（思）ぼしめしけるを、（法皇が）皇太弟とか（書）ゝせられけるとき、こはいかにと、又崇徳院の御意趣にこもりけり。(64)

「皇太弟」の称は、法皇の命により、突然に譲位の宣命に書き載せられたという。この「皇太弟」の称は、崇徳の意に反するものであった。(65) なぜならば、「皇太子」であれば、近衛は崇徳の「子」の格となり、鳥羽・崇徳・近衛は一筋の縦の系列になるから、崇徳は法皇から直系の地位を継承するという立場を確保できることになる。しかるに「皇太弟」となると、崇徳と近衛は対等の兄弟の格になるので、直系の地位が、崇徳を外して、法皇から直接に近衛に継承されることが予想されることになる。実際にも法皇の意図は、直系の継承者はいまだ確定されているわけではない、という認識を公然化することにあったとみなされよう。『愚管抄』はこのときから崇徳は法皇に対する反感を胸に秘めるようになったと説くが、おそらくその通りであろう。

一一四一年の譲位には、このような波乱があった。しかしながら、法皇は崇徳をただちに傍系として扱ったのではない。崇徳の長男重仁《しげひと》（一一四〇年誕生）には、皇位継承の有資格者としての待遇が与えられたと認められる。彼は誕生後すぐに美福門院の養子となり、二歳で親王宣下《せんげ》され、一一五〇（久安六）年に元服の盛儀が営まれた折に三品《ほん》に叙されるなどの厚遇を受けた。(66) したがって、一一五五（久寿二）年に近衛天皇が死去すると、後継天皇の候補者として重仁の名が挙げられたのは当然であり、崇徳は大いに期待をかけたのである。

このとき対立候補となった守仁《もりひと》（一一四三年誕生）についてみれば、彼も美福門院の養子ではあったが、親王宣下はなされず、しかも、出家が予定されており、間もなく皇位継承の資格が失われるはずの身であった。その父の後白河にしても同様である。長男（守仁）が出家を予定されるということは、彼自身にも皇位継承の可能性が乏しいことを意味する。彼は自分の御所を持たず、兄崇徳の屋敷に寄宿する、いわば部屋住みの身であった。(67)

このように法皇は重仁のみを優遇していた。よって、後白河・守仁父子よりも重仁の方がはるかに優位にあるようにみえたとしても、無理はなかった。(68)それだけに一層、結果は崇徳に深い衝撃を与えた。後白河・守仁が皇位継承者に選ばれた時点において、崇徳の傍系化が決定される。

ともかくも、ここに至る経緯を顧みるとき、法皇の行動は「叔父子」説に整合する、と果たしていえるであろうか。一一一九年と一一五五年のみを取り上げれば、合致するといえなくもないが、その間の三十数年間については、およそ「叔父子」説による説明は成り立ち難いであろう。法皇の崇徳に対する態度が、かかる微温的なもので済むとは思われない。早期に崇徳を退位させ、重仁の皇位継承資格を否定するという厳しいものになるはずである。さらに、太上天皇の地位の剝奪へと向かうこともありえよう。しかるに、実情は今見たごとく、法皇の態度は、崇徳に不安を与えながらも、全体的に穏やかであり、崇徳の立場を尊重しようとする配慮もつねに窺われる。「叔父子」説を法皇の全生涯に覆い被せるのは無理というべきであろう。(69)

そこでなお、法皇の心に確かに「叔父子」説の宿った時期があったことは、『古事談』の伝えるところである。それではその時期はいつなのかといえば、それは一一五五年以後、即ち、法皇の一生の中の最後の一年間であった、とみなすのが妥当ではなかろうか。この妄念に囚われたのは、おそらく近衛の死去により、精神的に大きな打撃を受けたためであろう。それでも前述の通り、それは「不確かな疑惑」の範囲内に留まっていたと思われる。

それでは、一一一九年の崇徳誕生のとき、法皇はなぜに崇徳を直系から外すかのような行動に出たのであろうか。卑見はその理由を、祖父白河院との、天皇としての対抗関係に求めたい。法皇は生まれてこのかた、すべて白河院の支配下にあった。幼少より白河院に養育され、白河院によって直系の地位に定められ、待賢門院を后に与えられた。さらに崇徳がこのまま直系の地位を継承するとなれば、これも白河院の意思そのものである。自らの子孫にまで白河院の支配が及ぶということに、法皇は耐え難いものを感じたのであろう。自らの子孫の中から誰を直系とするか、それを自分自身の意思で決めたいという自己主張が芽生えた。一一一九年の事件は、そのような天皇としての権威に関わる問題から起きたと考えられる(70)。

父(後三条天皇)によって傍系とされた白河院は、直系の地位の獲得をめざして、自らの意思による皇位継承を実現し、天皇としての権威を確立した。しかし、鳥羽法皇は生まれながらの直系であり、自らの意思で後継者を立てることがなくとも、十分に彼の権威は確立していた。崇徳の在位は法皇の権威に矛盾せず、むしろその権威の増大に繋がっている。とはいえ、おそらく法皇自身は、崇徳という存在に白河院の支配の影を感じざるをえなかったのではなかろうか。それが法皇の心に不満として宿り、そして、一一五五年、近衛の死去という衝撃を受けたとき、この不満が一気に増幅し、さらに「不確かな疑惑」の妄念をも育てたのではあるまいか。法皇がついに崇徳を傍系の地位に落とすことになった原因は、この白河院の影を払拭したいという衝動にあるのではないかと推測したい。守仁の擁立という意外な帰結の裏に、法皇のいかにも天皇らしい情念が垣間見られるように思われる。

三　法皇の情況認識

ふたたび一一五六年の法皇の死に戻ろう。ここでさらに法皇に焦点を絞り、法皇は死去直前の政治情況をどのように認識していたのか、という問題を詰めておきたい。普通には、法皇には危機の認識があり、死後の混乱を憂慮して、それなりの対策を講じていたと説かれているが、前述のごとく、卑見はそれに疑問を呈した。はたしてどうなのか、この点に保元の乱を理解する一つの鍵があろう。

(一)　緊張の発生

『兵範記』においては、法皇の死去（七月二日）に至るまで、不穏な動きを伝える記事は一切見られない。何かの危険に備える対策とおぼしき記事も何一つ見出すことはできない。しかるに、法皇が死去した直後、緊張は突如表面化した。次の『兵範記』七月五日条が、その最初の記事である。

(イ)蔵人大輔雅頼（源）、勅を奉《うけたまわ》り、検非違使《けびいし》等に召し仰せ、京中の武士を停止《ちょうじ》せしむ。左衛門尉平基《もと》盛《もり》・右衛門尉（平）惟繁《これしげ》・源義康等、参入し奉り了ぬ。(ロ)去月朔以後、院宣《いんぜん》に依り、下野守義朝（源）并に義康等、陣頭に参宿し、禁中を守護す。又、出雲守(源)光保《みつやす》朝臣・和泉守(平)盛兼《もりかね》、此の外、源氏・平氏の輩、皆悉《ことごと》く随兵を率ゐ、鳥羽殿に祗候《しこう》す。(ハ)蓋《けだ》し是れ、法皇崩じて後、(崇徳)上皇・(頼長)左府同心して軍を発《おこ》し、国家を傾け奉らんと欲す。其の儀風聞す。旁《かたが》た用心せらるるなり。

記事の内容は、まず(イ)に、後白河天皇がこの七月五日に「京中の武士」の取り締まりを検非違使に命じたことを記す。次に(ロ)に、故法皇の命を受けた武士が六月一日から内裏(高松殿)と院御所(鳥羽殿)の警備に従っていた[71]ことを記す。そして(ハ)は、崇徳・頼長が謀反を起こすという情報があり、これを「用心」したものである、と述べる。

解釈上の問題は(イ)(ロ)と(ハ)との関係にあろう。(ハ)は(イ)の説明であるのか、あるいは、(ロ)の説明であるのか。すなわち、「用心せら」れたのは後白河であるのか、はたまた故法皇であるのか。一読してまず気になるのはこの点であろうが、しかし、考え直してみると、かかる二者択一的な発想では、この記事を読み誤ることになろう。(ハ)は(イ)と(ロ)の両方に関わり、後白河も法皇も「用心せら」れたのだ、と捉えるべきであろう。

(ハ)は後白河方から発信された情報とみられよう。それはまず一つに、この七月五日に京中警備が発令された理由を説明する。取り締まるべき「京中武士」とは崇徳・頼長方の武士なのである。そしてさらに、法皇が生前に内裏と鳥羽殿の警備態勢を敷いていたことの意味を説明する。実はそれは崇徳・頼長方の謀反に備えるためであったのだ、と言うのであるが、それによって、崇徳・頼長方との対決は故法皇の遺志に添うものであることを主張し、内裏・院御所警備の武士を後白河方に動員することを正当化しようとするわけである。

留意したいのは、これは後白河方の発信した情報だという点である。そこには後白河方の意図が盛り込まれている可能性が高い。特に(ロ)と(ハ)を結び付けることが後白河方の宣伝としては重要だということに注意を払わなければならない。しかも、これは法皇の死後になって初めて伝えられた情報である。はたして法皇が内裏・院御所の警備態勢を敷いたのは崇徳・頼長の謀反に備えるためであったのかどうか、吟味を加える必要があろう。

そこで法皇の実際の行動を振り返ってみよう。法皇は、この記事の言うように、崇徳・頼長に対して謀反行動の疑いをかけるような態度を見せていたのかといえば、先述のごとく、そのようには認め難いと判断せざるをえない。まず崇徳に対して、生前の法皇は崇徳を謀反人とみなしたことはない。わずかに彼を傷つけた初めての仕打ちが、臨終の事件であったことになる。また頼長に対しても、内覧には再任しなかったが、左大臣には在任させた。しかも、頼長は「籠居」を続け、不満を態度に表しているにもかかわらず、これを処分していない。忠実に対しても同様である。要するに、法皇の彼らに対する態度は意外に穏和なのである。

仮に彼らに謀反の危険を感じ、それに兵をもって備えるというようなことをするくらいならば、むしろ、まずは彼らに処分を加え、彼らの政治生命を断ってしまうことの方が先決であろう。そのような当然の手順が踏まれていないのはまことに不自然であり、法皇の対処の仕方として納得できることではない。ということは、この後白河方より発信された情報には、疑いの目を向けるべきだという結論が導かれることになろう。情報操作の色合いが濃く、作られた情報である疑いが濃いように思われる。

（2）武士の警備について

それでは、法皇は何のために内裏と鳥羽殿に武士を配備したのであろうか。それを解く鍵は、「去月朔」（六月一日）の日付にあろう。その前日の五月三十日から、法皇が「御万歳の沙汰」に専念することになったことを想起したい。つまり、法皇は自らの死を思い定めた直後に、内裏と院御所の警備に武士を配置したのであった。ここには何らかの関連性が感じられよう。

法皇は以前にも同様の措置を取ったことがある。それは一年前の近衛天皇の葬儀である。近衛の葬送は一一五五（久寿二）年八月一日の夜に行われた。その同日条の『兵範記』に次のようにある。

和泉守（平）盛兼、随兵数千を率ゐ、院・内の陣頭等を守護せしむ。蓋《けだ》し是れ、法皇の仰せに依るなり。

法皇はこの時も平盛兼に命じ、「院」（近衛殿。旧内裏）や内裏（高松殿）の警備(72)に当たらせた。しかるに当時、法皇は健在であり、謀反などの不穏な動きはみられない。何か事件の起きそうな状況にはないのであるが、にもかかわらず、警備態勢は厳重に敷かれた。現状はどうかという問題ではないようである。天皇の葬儀のあり方が問題なのではないか。

　これは法皇の過去の経験が関係しているように思われる。それは白河院の死後に生じた事態である。白河院は一一二九（大治四）年に死去するが、まず、その葬儀には汚点が残された。『中右記《ちゅうゆうき》』によると、白河院の遺骸を荼毘《だび》に付す葬所において、荒垣の中に「雑人《ぞうにん》」が入り込んで「喧嘩」が起き、またその後、骨拾いの際にも、「人々の従者」がこれを見物しようとして「荒垣《あらがき》の中に乱入」するという「狼藉《ろうぜき》」が起きた。「制止する人無し」といわれるような警備態勢の不備があり、そのため葬儀は厳粛さを欠くことになった(73)。

　人々の意識にも不安が生まれている。『中右記』の記主藤原宗忠《むねただ》は、白河院の死後一ヵ月ごろに、朝廷に何事かが起こる夢を見て不安を覚えており(74)、また、殺人・強盗などの事件が頻発したことについて、「天下の大乱」かと脅えた(75)。日常的に起きる犯罪であっても、白河院が死去した時ともなれば、なにか特別の意味があるかのように感じられるのであろう。実際には、朝廷の中心的存在は白河院から鳥羽上皇へと滑らかに移行し、「天下の大乱」とは無縁の平穏さを保っていたのだが、それでもなお貴族にはこのような反応が生まれる。犯罪の発生を許さない厳粛さが求められるのであろう。

　法皇はこの白河院の死去時の経験から教訓を汲み取ったのではなかろうか。厳重な警備態勢を敷く目的は、葬儀を厳粛に執り行い、世情にも厳粛さを強制することにあろう。その程度の意図にすぎないように思われる。法皇はこれを近衛の死去の際に実施し、次に自らの死去のために備えたのであった。よもや自分の死の直後に「天下の大乱」が現実に起ることになろうとは、まったく思いもしなかったに違いない。法皇が六月一日に警備態勢を敷いた事情は、以上のように理解できよう。

しかし、その法皇の遺志とは異なる別の意思が、内裏と院御所に集結する武士の集団を新たな目的に動員することになった。それが七月五日以後の事態である。

(3) 法皇と貴族

法皇の情況判断に関する史料として、もう一つ、次の『愚管抄』の記事がある。この記述は、普通には、法皇が生前に事件勃発の予感を抱き、その対策を講じたことを語るものと解釈されている。それでよいかどうか、検討してみよう。

(イ)(法皇の)御やまい《(病)》のあいだ、「この君をはしまさずば、いかなる事かいでこんずらん」と、貴賤老少さゝやきつゝやきしけるを、宗能《(藤原)》の内大臣といふ人、大納言かにてありけり。さまでの近習者にもなかりけれど、思ひあまりて文をかきて、「この世は君の御眼とぢ《(閉)》をはしましなんのちは、いかになりなんずとかをぼし《(思)》めしをはします。只今みだれ《(乱)》うせ《(失)》候なんず。よく〳〵はからいをほせ《(仰)》をかるべし」などや申《もうし》たりけん。さなしとても君も思召《おぼしめし》けん。(ロ)さて、きた《(北面)》をもてには、武士為義《(源)》・清盛《(平)》など十人とかやに祭文をかゝせて、美福門院《(得子)》にまいらせられにけり。(ハ)後白河法皇くらい《(位)》にて、少納言入道信西と云学生《がくしょう》、抜群の者ありけるが、年ごろの御めのと《(乳母)》にて紀の二位と云《いう》妻持ちてありける、これをば人もたのもしく思へりけるに、「美福門院一向母后の儀にて、摂籙の法性寺殿（忠通）・大臣・諸卿、ひとつ心にてあるべし」と申をか（置）れにけり[76]。

概要は、（イ）のごとく、権大納言藤原宗能[77]は法皇の死去後に予想される混乱を憂慮し、法皇に十分の対策を取るべきことを進言した。これを受けて、法皇は（ロ）（ハ）のような措置を施したという。そこで、まず問題となるのは、法皇の対策とされる（ロ）（ハ）の具体的な内容であろう。

（ロ）には、北面《ほくめん》に祗候する武士を美福門院に付けたことが語られている[78]。そして（ハ）には、美福門院を後白河天皇の「母后」とし[79]、朝廷の中心に据えようとしたこと、その遺志を信西（藤原通憲）に託したことが述べられている。はたして、これらは何らかの緊急かつ異常な事態が発生することを予想した対策といえるであろうか。客観的にみて、そのような評価を下すのは無理ではなかろうか。これらには緊急性も異常性も感じさせるものがない。

北面に祗候する武士を美福門院に付けたことについては、同様の例が白河院の死去の折にもみられ[80]、珍しくはない。美福門院を特別に尊重される地位に置こうとすることは、法皇の従前からの考え方の延長にほかならない[81]。また、（ハ）の述べる法皇の遺命は、美福門院・忠通・大臣・公卿の一致協力を言っているにすぎない。「大臣」とあれば、頼長も大臣の一員であるから、法皇は忠通と頼長の和解を期待していたという読み方さえも可能になるが、それも一概に否定はできないであろう。それも法皇は信西という一人の下級貴族にこの遺命を残したにすぎないのであり、積極的に貴族の合意を取り付ける行動をしたというようなことではない。

つまり、(ロ)(ハ)の内容は、謀反事件の発生を予想し、それを未然に防ごうとしたというに値するものではない。前述のごとく、そのためであれば、当然になされるべきはずのことがあった。逆に、法皇は何ら有効な対策を講じなかったという事実が、これによってますます明瞭になろう。

『愚管抄』は本来繋がりのない(イ)と(ロ)(ハ)とを結びつけた。慈円は、法皇は宗能の進言を受容れたと推測したが、(82) それは誤りとみるべきである。慈円は当時の通念に引きづられたのであろう。法皇は崇徳・忠実・頼長を謀反人とみなしていたとする後白河方の宣伝は、保元の乱以後定着し、通念になっていたからである。『愚管抄』の記事から知られるのは、宗能の進言があったという事実である。それに対して、法皇は格別の反応を示さなかったと推測するのが妥当であろう。

なお、宗能の進言について検討しておこう。『愚管抄』は宗能の進言を、「……などや申たりけん」と推測の形で記している。慈円は彼の奏文《そうぶん》を実見《じっけん》してはいないらしい。そこで、宗能の進言の内容ははたして事実かどうか、彼は動乱発生の危険を警告したり、法皇に「計らい」を求めたりしたのかどうかという疑問も生まれるが、おそらくそこまで疑わなくともよいように思われる。それは宗能という人物が、いかにもそのような発言をしそうな立場にいるからである。

宗能は右大臣宗忠《むねただ》の子で、四十八歳でようやく参議に任じられ、六十六歳で権大納言に昇進し、この一一五六年には七十三歳の長老であった。重要なのは彼の政治的立場である。彼はこの間一貫して忠通派として行動してきた人物なのである。(83) したがって、その彼の発言が中立的であるはずはなく、忠実・頼長を「乱れ」の元兇《げんきょう》となし、彼らに対する厳しい「計らい」を求めたに違いないと考えられる。これについては、『愚管抄』の記述を信頼してもよいのではなかろうか。

この宗能の進言は、実際には法皇に容れられなかったのであった。このことは貴族が法皇の意思をそのようなものとして確認したという意味がある点に、注意を払わなければならない。その情報は貴族の行動に影響を与えないはずはない。

もう一つ注意しておきたい点は、信西が下級貴族の身ながら、法皇に没後を託された人物としてここに登場したことである。信西は保元の乱に裏方として重要な役割をはたしたとみられるが、その彼の活動は、この法皇の委託を根拠に始まったのであろう。信西は、この『愚管抄』にも述べられているように、後白河と乳母関係をもち、人望もあったが、何よりも、法皇の遺志は何かを語ることのできる立場にあったことになる。信西という人物の評価については、この点が最も重視されるべきことであろう。

以上、『兵範記』と『愚管抄』に検討を加えたが、結論として、法皇は対立関係の深刻さについておよそ無警戒であった、とみるのが妥当であるように思われる。かかる法皇の楽観的態度によって、保元の乱の諸々の要因が醸成されたことは間違いなかろう。

四　対立の激化

皇位継承の成り行きは崇徳を失望させたが、後白河にも不満の残るものであった。一方、摂関家における忠通と忠実・頼長との対立は一層深刻さを増す。そうした中で後白河と忠通の連携が成立していた。これらの軋轢《あつれき》の噴出を押さえていたのは、鳥羽法皇という存在の重みである。したがって、その重しが取れたときに、見せかけの安定は崩れ、情況は一挙に流動化せざるをえないであろう。そこに不安を醸し出したのは、法皇の臨終に冷たい仕打ちを受けた崇徳が憤りをあからさまにしたことである。しかし、それにしても、なぜに事態は武力の発動へと突き進んだのであろうか。合戦に至る過程に検討を加えてみよう。

(一)　後白河方の急激な攻勢

法皇の死後、事態は突然に、そして急激に緊迫化した。その最初の記事は、すでに本書五〇～五一頁に掲出した『兵範記』保元元年七月五日条である。後白河方は崇徳と頼長が反乱を共謀していると宣伝し、謀反の容疑をかけようとしていた。

　この記事によれば、後白河方はすでに主要な武士の大半を傘下に収めたようである。その中でも特に注目されるのは平基盛《もともり》である。平清盛の次男である基盛が後白河の命を受けたということは、清盛自身が後白河方に就いたことを意味しよう。

　この日に「京中の武士」の「停止」を命じられた基盛は、翌六日、早速に出動し、源親治《ちかはる》という大和《やまと》国の武士を「東山の法住寺辺」で逮捕した。(84) 親治は忠実・頼長方の武士であり、京と宇治とを往還する途中だったのであろう。忠実・頼長方や崇徳方の武士は、京に立ち入ることのできない情況になった。後白河方はこの親治の逮捕によって忠実・頼長に対する嫌疑をますます強調し、さらに次の攻勢に出る。故法皇の初七日法要の営まれたその日の『兵範記』七月八日条は次の記事を伝える。

　(イ)今日、蔵人頭左中弁雅教《まさのり》朝臣、勅定《ちょくじょう》を奉り、御教書《みぎょうしょ》を以て諸国司に仰せて云はく、入道(忠実)前太政大臣并に左大臣(頼長)、庄園の軍兵を催すの由、其の聞え有り。慥《たしか》に停止せしむべしてへり。(ロ)今日、蔵人左衛門尉俊成(高階)并に義朝(源)・随兵等、東三条に押し入り、検知《けんち》、没官《もっかん》し了ぬ。東蔵町同前。即ち、義朝に仰せ預けられ了ぬ。(中略)子細筆端に尽くし難し。

(イ)にあるように、後白河方は、忠実・頼長方が「軍兵」を動員し、謀反の行動を起こしたと認定した。実際に忠実・頼長方にそのような動きがあったかどうかは確かめられないが、ともかくも、後白河方は忠実・頼長に対して容赦のない強硬姿勢を明らかにした。

それは同時に(ロ)の行動となって表れた。東三条殿は代々の藤氏長者に相続され、摂関家のいわば本邸である。忠実は一一五〇(久安六)年に忠通から氏長者の地位を奪い、これを頼長に譲ったが、そのとき以来、東三条殿は頼長の所有となった。(85)これを天皇の命による「没官」に処したのである。謀反人に対する財産没収の処罰である。(86)

前関白と氏長者の父子に謀反の罪がかけられたということは、まさに未曾有の事件である。長年にわたり摂関家に仕えてきた『兵範記』の記主が、「子細筆端に尽くし難し」と慨嘆したのももっともであった。

(2) 摂関家問題と忠通の立場

これらの一連の経過について、次の三点に注意したい。一つに、法皇の死去に連動してほぼ間髪を入れず、緊急事態に突入していること。二つに、後白河天皇が表立った役割をはたしていること。三つに、後白河方の攻撃が忠実・頼長に照準を合わせていること。

法皇が死去した途端に動き出す問題とは何なのか。崇徳と忠実・頼長とが謀反の謀議をしているというのは後白河方の主張であるが、実際のところ、少なくとも崇徳の側には、この間そのような動きは見られなかった。皇位継承問題は法皇自身が一応の決着をつけており、崇徳には大きな不満が残るとしても、法皇の死とともにすぐに彼が何か行動を起こすような状況にはないとみられよう。

崇徳と忠実・頼長との謀議という設定は、後白河と忠通とが連携する必要により作られた口実であるとみるのが妥当である。つまり、この緊急事態の発生源は崇徳にあるのではなく、別のところに、すなわち、法皇が未解決のままに放置していた問題にあると考えられる。それは摂関家の分裂問題であり、それがいま動き出した。摂関家の当主は忠実なのか、忠通なのか、その争いに決着をつけようとする闘いなのである。

法皇は忠実と忠通の和解を望んでいたと考えられる。逆にいえば、法皇の生存中は、どちらも相手を完全に葬り去るような行動に出ることはできないという制約を受けていた。したがって、法皇が死去し、その束縛から解き放たれた今、忠実・頼長も忠通も、相手が何をするかわからないという疑心暗鬼に駆られることになる。一刻も早く行動に起《た》ち、機先を制する以外にはない。忠通はそれを実行した(87)。

このように捉えると、先ほど挙げた三点の中、一つ目と三つ目は了解されるが、二つ目の問題がなお残される。これはどのように解釈できるであろうか。それは二つの側面から考える必要があろう。一つは後白河と忠通との関係であり、もう一つは公卿の動向である。

『兵範記』七月五日・六日・八日条の記事の特徴として目に付くのは、後白河の役割である。あたかも後白河一人がすべてを動かしているかのように見える。そこには忠通も他の公卿も登場しない。五日条は、蔵人が勅命を検非違使に直接伝えたように記しており(本書五〇頁)、検非違使別当は介在しなかったとみられる。八日条にも、諸国司に対して綸旨《りんじ》（「御教書」）が発せられたとある。綸旨であれば、公卿の介在を必要としない。むしろ、意図的に綸旨を用いたのであろう。おそらくは実際にも、公卿集団はこれら一連の決定に関与していないのではなかろうか。そのように見る方が、これから後の展開にも合致してわかりやすい(88)。

それでは忠通も関与していないのかといえば、それは違うであろう。関白忠通は後白河の傍に居るに違いない。後白河と忠通の二人だけで決定・命令を行っているという場面が、これらの記事から浮かぶのである。忠通はこれらの記事の字面の陰に隠れているだけのことであろう。忠通は後白河を表に立て、自分は陰に隠れたのである。

忠通にはそうしなければならない理由がある。忠通が名実ともに摂関家の当主となるには、氏長者の地位を奪還することが一つの目安になるが、そのために忠通が闘う相手は父の忠実である。子が父と争うことは、父子道徳において原則的に許されない。よって、父子の抗争という事態を隠蔽するために、忠通はあからさまに表に立つことを避けなければならなかった。忠通にとっては、天皇を表に立て、謀反の事件に仕立てる必要があった。

従来、氏長者の地位と摂関家の財産は父から子へと譲られてきたが、忠通にとってはこの形は不可能である。まして、忠通個人の力で奪えるわけもない。その結果、現実に可能な方法は、謀反人に対する処罰として、一旦は天皇にそれらを没収させ、さらに天皇からそれらを賜るという形式を取るしかない。それは子が父と争うための、いわば緊急避難の措置である。東三条殿の「没官」はかかる忠通の意向によって実行されたとみなければならない。

後白河天皇による「没官」(および氏長者の宣下)[89]について、これを天皇が摂関家の弱体化を狙い介入したものと解する説もあるが、[90]後白河にそのような意図があったとは思われない。忠通が摂関家を担うにはこれしか方法がなかったのであり、目的は摂関家の存続にあった。それによって摂関家の権威に傷がつくことは確かであるが、それはいわば摂関家自身の自業自得であり、ことさらに後白河が摂関家の権威を低下させようとしたわけではないとみるべきであろう。

次に、公卿の動向をみよう。彼らが内裏に参集しない理由はいくつか考えられる。まず何よりも、法皇の葬儀の最中にこのような紛争が起きること自体、公卿には甚だ不謹慎に見えたであろう。しかも、その紛争は本来、摂関家の内部で解決されるべきものであり、公卿としては距離を置きたい問題である。あるいは、これは忠通としても同様であり、摂関家の内部問題として、当事者間だけで事の解決を図ろうとしたのではなかろうか。唐突にかつ敏速に手を打ち続ける忠通のやり方を見れば、彼が公卿らの支持と合意に基づいて行動しようとしたとはとても思われない。少なくとも公卿らが忠実・頼長派の支持に回る気遣いはないのであれば、忠通としては、当面、公卿らには成り行きを見守っていてもらう方がよいともいえる。忠通は何よりも機先を制することを優先させたのであろう。

公卿の行動を決めるもう一つの条件がある。それは法皇の遺志である。前述のごとく、藤原宗能が法皇に危機を訴えたにもかかわらず、法皇は何らそれに応える措置を採らなかった。つまり、宗能の行為は、法皇の意思が両派の和解にあることを改めて確認させた意味をもっている。法皇が死去して間もないこの時点においては、法皇のこの遺志を尊重するのが、貴族の心情としては自然であろう。この点に、公卿らが傍観的態度をとる最も大きな理由があるように思われる。

忠実・頼長に対する圧力は刻々と強まっていた。忠実・頼長方が形勢を挽回しうる余地はきわめて乏しそうにみえる。このまま進めば、遠からず忠実・頼長は屈服し、彼らの引退、隠棲という形で事件は終わったであろう。おそらく忠通はそのような勝ち方を目論んでいたのではなかろうか。合戦などのない平凡な終わり方をするはずであったものが、しかしながら、次に意外な展開をみせることになる。

(3) 崇徳の決行

状況は九日の夜中に急変する。突然、崇徳上皇が行動を起こしたことを、『兵範記』保元元年七月九日条は次のように伝える。

　九日。戊申。夜半、上皇(崇徳)、鳥羽田中御所より、密々白川前斎院(統子)御所斎院は去ぬる二日、鳥羽殿に渡御し了ぬ。に御幸す。
　上下奇を成す。親疎知らずと云々。

崇徳は二日に法皇の臨終に駆けつけて以来、この九日まで、鳥羽殿の中の田中殿に引き籠もっており、孤立状態にあった。その彼が田中殿を抜け出たのは九日の「夜半」、すなわち夜中の十二時ごろの、隠密行動であった。赴いた先は洛東の白河である。まず、彼は同母妹の統子内親王(91)の屋敷に入り、さらに白河北殿に入った(92)。その様子を『愚管抄』は次のように述べる。

　さて新院(崇徳)は、田中殿の御所にをはしましけるほどに、宇治の左府(頼長)申《もうし》かはしけむ、にはかに七月九日鳥羽をいでて、白河の中御門河原に千体のあみだ堂の御所ときこゆる、さじき(桟敷)殿と云《いう》御所へわたらせ給にけり。それもわが御所にてもなきを、おしあけてをはしましにけり。

千体阿弥陀堂は、『百練抄』によれば、「保元の戦場」の「灰燼《かいじん》」となった跡地に故鳥羽法皇の「追《つい》福《ぶく》」のために建てられ、一一五九(平治元)年に落成したもので、その場所は「大炊御門《おおいのみかど》北」とされる(93)。一方、『愚管抄』は「中御門河原《なかみかどがわら》」とするが、白河北殿は中御門大路末以南と大炊御門大路末以北の間に挟まれていたから、『百練抄』と『愚管抄』とに矛盾はなく、千体阿弥陀堂が北殿跡に建てられたことに間違いはない(94)。「さじき(桟敷)殿」は北殿の建物の一つであろう。崇徳はその「わが御所にてもなき」北殿(95)に、「おしあけて」入ったのだという。

この崇徳の行動はきわめて特異であった。まず第一に、それは誰にとっても予想外のことであったらしい。『兵範記』は「上下奇を成す。親疎知らずと云々」と記し、人々の驚きを伝えている。実際にも、この事実を知った後白河方は慌てて武士に召集をかけたが、武士が参集したのは十日の「晩頭」(午後七時ごろ)(96)であったというから、およそ迅速な対応とは言いえない。おそらく、後白河方が異変に気づくまでに、かなりの時間が経っていたのではないかと想像される。

それは忠実・頼長方にしても同様である。頼長は宇治から白河に駆けつけるが、それも『兵範記』によれば、十日の「晩頭」であったという。(97)『愚管抄』は「宇治の左府申かはしけむ」と、崇徳と頼長とが打ち合わせ済みであったかのように述べるが、それにしては、頼長の白河到着はあまりに遅すぎるように思われる。(98)頼長も崇徳の行動を事前に知らされてはいなかったとみるのが妥当であろう。

さらに『愚管抄』によれば、後白河方は頼長が白河に行くのを途中に遮ろうとして平信兼を出動させたが、間に合わなかったという。(99)頼長の動きの遅さに輪をかけて、後白河方の対応の遅れが目立っている。

特異な第二の点は、移動先が白河殿であったことにある。これも人々に意外の感を与えたであろう。崇徳の京における住邸は中御門《なかみかど》殿（中御門大路北・東洞院《ひがしのとういん》大路西）であるが、(100)彼はここに帰宅したのではない。他方、崇徳が白河殿を故法皇から譲られた形跡はまったくない。『愚管抄』が言うように、「わが御所にてもなきを、おしあけ」たのである。崇徳の行動はたしかに尋常ではない。崇徳は何を意図したのであろうか。

（4）崇徳方の態勢

『兵範記』七月十日条は、崇徳方についての情報を次のように伝える。

十日。己酉。上皇（崇徳）、白川殿に於て軍兵を整へらる。是れ日来の風聞、已《すで》に露顕する所なり。散位平家弘・大炊助《おおいのすけ》同康弘・右衛門尉同盛弘・兵衛尉同時弘・判官代《ほうがんだい》同時盛・蔵人同長盛・源為国等、各祗候す。又、前大夫尉源為義・前左衛門尉同頼賢・八郎同為知・九郎冠者《かんじゃ》等、引率し初参す。頃年より以来、故院（鳥羽法皇）の勘責に依り、各籠居す。今此の時に当たり、懇切に召し出ださるるなり。晩頭、左府（頼長）、宇県より参入す。前馬助平忠正・散位源頼憲、各軍兵を発す。偏に合戦の儀たり。時に上皇・左府、額を合はせて議定す。左京大夫教長（藤原）卿、同じく御前に候す。家弘・為義、忽ち判官代に補し、直に御前に召さる。頼賢、又六位判官代に補され了ぬ。（後略）

この記事によれば、後白河方は、崇徳が白河殿に「軍兵」を召集しているとみなし、崇徳にかけられていた謀反の容疑はまさに現実になったと即断した。さらに頼長の到着によって、崇徳方における合戦の準備は整ったとみなしている。崇徳は挙兵のために白河殿に移ったのだ、というのが後白河方の判断であり、宣伝である。この点を検討してみよう。

まず、崇徳方に参集した武士であるが、『兵範記』の記事はこれを三種類に分けて書き出している。(101)

① 一種目は、平家弘《いえひろ》から源為国《ためくに》までの七人で、彼らは崇徳に年来仕えてきた武士である。(102)九日夜に鳥羽田中殿から白河殿まで随従したのであろう。

② 二種目は、源為義《ためよし》とその男子である。為義らは「初参」とされる点が注目される。しかも、彼は二年前、故法皇の命により「停任《ちょうにん》」の処罰を受けており、(103)それがこの記事にいう「勘責」で

ある。彼はそれ以来「籠居」していたのであり、その為義を召集したということは、崇徳の故法皇に対する反抗的態度の表れとみることができよう。「懇切に」という表現に、「勘責」を解いてまで「初参」させたという意味が込められている(104)。

③三種目は、平忠正《ただまさ》と源頼憲《よりのり》であるが、彼らは忠実・頼長に仕えており(105)、頼長に随従して白河殿に入った。

このように、武士は、崇徳の従者、忠実・頼長の従者、その他、の三者から構成されていた。崇徳方が挙兵をめざすのであれば、この従者グループの結束とともに、その他の武士を大量に動員することが不可欠であろう。

その中、崇徳の従者はもともと小勢力である。頼みとなるのは「庄園の軍兵を催す」ことのできる忠実・頼長の従者であろう。しかし、実際には、その忠実・頼長も従者グループを結集しきっていたわけではなかった。頼長が随伴したのは、平忠正と源頼憲の二人にすぎない。『愚管抄』によれば、白河殿に到着した頼長は、

やまと(大和)の国ひがき(檜垣)の冠者と云《いう》ものあり。「吉野の勢もよ(催)をして、やがていそぎまいれ」と仰《おおせ》てき。今はまいるらん。しばしあいまて(106)。

と述べたという。頼長は宇治を出発する直前に、大和国の武士に対する召集命令を出したらしい。忠実・頼長方にしても準備不足であったことが知られる(107)。

さらに、その他の武士についてみれば、参集したのは源為義父子のみである。為義はもとは源義家の後継者として故法皇や忠実に仕え、勢力を誇ったが、長男義朝と対立して圧迫されたうえ、「勘責」を受けて勢力は失墜していた。

武士の動員はまだ微々たる状態であったといってよかろう。『愚管抄』は、「為義がほかには、正弘・家弘・忠正・頼憲などの候ける。勢ず《(少)》くななる者ども也」と述べ、頼長の発言として、「当時まことに無勢げなり」とも記している。この『愚管抄』の記述の方が正確であり、『兵範記』が述べるような威勢には程遠い実態であったとみるべきであろう。

そもそも崇徳は唐突に行動を起こしたのであるから、貧弱な兵力しか集まらないということは十分に予想できたであろう。それを知りつつ、それでも崇徳は無謀にも挙兵を決行したということなのであろうか。そのように割り切るには腑に落ちない感じがある。あるいは崇徳には何か別の狙いもあったのかどうか、その可能性を探ってみる必要があろう。

これに関連して、もう一つ、なぜ崇徳は白河の地を選んだのかという問題がある。挙兵としてみれば、白河殿に立て籠もるという作戦はおよそ不合理であろう。第一に、白河殿には何らの防禦施設もなく、守るにはまったく不利である。第二に、白河殿は内裏に近く、後白河方からつねに監視を受ける位置にある。いわば相手の懐に入るようなものである。第三に、崇徳方が白河と宇治とに二分されることである。

もし挙兵に最も有利な場所をあげるとなれば、それは宇治であろう。宇治は忠実・頼長方の拠点であり、また、防衛線も敷きやすく、大和国・奈良の軍勢[108]を待つにも適している。『愚管抄』によれば、崇徳方の作戦会議において、為義はまさにその趣旨の発言をしたとされている[109]。その真偽は別にしても[110]、為義の発言にある通り、挙兵をするのであれば宇治の地を選ぶのが妥当であり、白河を選ぶのは理に適わない。

さらにもう一点、重仁親王が白河にいないことも不審である。もし挙兵を意図するのであれば、当然、重仁を白河に伴うはずではなかろうか。重仁を敵の手中に残したまま挙兵するのは合点がゆかない。

（5）崇徳の意図

以上の点を踏まえれば、崇徳は決戦を覚悟し、みずから挑発に出たとみなしてよいのかどうか、疑問は一層強まるであろう。はたして崇徳は、即時開戦、一触即発の危険を予期していたのであろうか。これについて、『愚管抄』の次の一節が参考になる。すなわち、先の為義の進言に対して、頼長が、

いたくない《(急)》そぎそ。只今何事のあらんずるぞ。

と返答したという記述である。今すぐに合戦が起きることはない、と頼長は判断していたというのである。ゆえに為義の撤退論は退けられたのであるが、この頼長の主張が通ったことからみると、崇徳

もまた同様の見方をしていたといえるであろう。彼らは、当面は何事も起きないと考えていたらしい。それであれば、彼らの行動は分かりやすい。

彼らがこのように楽観的であったのは、おそらく、太上天皇という身位の尊さを信じたからではなかろうか。太上天皇である自分に対して、後白河方がただちに武力攻撃を加えるようなことはよもやあるまい、とたかを括ったのであろう。この判断は結果からみれば甘すぎたことになるが、このときまでの朝廷の伝統と崇徳の地位に照らしてみれば、彼らがそのような過信を抱いたとしても、さほどおかしなことではないように思われる。実のところ、同様の発想は後白河方にもあったとみられる。それは軍勢の出動に際し、忠通がそれを避けようと逡巡する態度を示したことに窺われるのであるが、それについては次節に述べたい。

崇徳は、緊張は高まっても身の危険はない、という見通しのもとに白河殿に入ったと考えられる。それでは彼はいかなる意図をもってその行動を起こしたのであろうか。それはやはり、彼の太上天皇としての立場から理解されるべきであろう。彼が目指したものは彼自身の権威の復活であったに違いない。そのための突破口を開く行動が、白河殿の占拠であったことになろう。

この時期、院御所を代表するのは白河殿と鳥羽殿である。このうち鳥羽殿は故法皇から美福門院に譲られており(三)、鳥羽殿の主は美福門院であった。一方、白河殿については故法皇がどのように処分したのか、明らかではない。無主の状態になったようにもみられる。おそらくは後白河天皇の管理下に入る成り行きであろう。そうなっては、崇徳の劣位はますます明瞭になる。崇徳はまず実力で白河殿を占拠し、自らが白河殿の主であることを示そうとしたとみられる。それは故法皇の地位を継承する立場を確保するためである。彼が召集した武力は、この占拠の実力行使に見合う程度のものであった。

白河殿にはこのように故法皇の権威の象徴という意味がある。さらに白河殿の有するもう一つの利点は、京に近接していることである。合戦には不利となるこの条件が、崇徳にとっては最適の利点であった。なぜならば、この情況において、崇徳が復権できるかどうか、その鍵を握るのは貴族の動向にある、と崇徳は考えたに違いないからである。もしも彼のもとに公卿らが次第に参仕するようになるならば、それに伴って、彼の立場は強化されてゆくであろう。彼の拠り所は公卿の支持を拡大すること以外にありそうにはない。つまり、彼は貴族の参仕を待ち受けようとしたのであろう。そのための場所として、京に近接する白河殿こそが最適であった。

崇徳は法皇の臨終時に冷たい仕打ちを受け、憤激して閉じ籠もったが、まもなく情勢は急変した。後白河・忠通方の積極的な攻勢によって、忠実・頼長方の敗北が目前に迫る。もし後白河・忠通方がそのまま一方的な勝利を収めるならば、同時に、後白河の崇徳に対する優位も決定的になり、崇徳が独自の立場を保つことはきわめて難しくなろう。崇徳は忠実・頼長の失脚を阻止し、自らの復権を示威する必要に迫られた。

そこで問題は、行動に起つことの成算があるかどうかであろう。注目したいのは、後白河・忠通方が貴族を結集してはいないという情況の特徴である。このことが崇徳に展望を与え、決行を決断させたのではなかろうか。しかも白河殿は無主の状態にあった。白河殿を拠点にすれば、後白河に対峙することができるように崇徳には思われたのであろう。折りしも父法皇の初七日のあけるのが重なって、白河殿の占拠は決行された。

五　合戦の様相

ものごとは思惑通りに運ぶとは限らない。誤算や相手の反応の読み違えがつきまとう。それによって事態は思わぬ方向に展開する。事件とは往々にしてそのような起こり方をするものなのであろう。保元の乱もその例に漏れない。ここに至るまで、誰もが誤算と読み違えを繰り返してきた。その行き着くところ、誰もが望まなかったはずの「乱」という最悪の結末をたどることになる。

(一)　後白河方の戦闘準備

崇徳の突然の行動に驚いた後白河方は、大急ぎで武士を招集したが、実際に軍勢が集合したのは、十日の夜に入るころであった。『兵範記』七月十日条は、この後白河方の様子を次のように伝えている。それは本書六八頁の引用文に続く、次の記事である。

禁中時に高松殿、彼の僉議《せんぎ》に依り、同じく武士を集めらる。下野守義朝(源)・右衛門尉義康(源)、陣頭に候ず。此の外、安芸守清盛(平)朝臣・兵庫頭頼政(源)・散位重成(源)・左衛門尉源季実・平信兼・右衛門尉平惟繁、勅定に依り参会す。漸《ようや》く晩頭に及び、軍雲霞の如し。関白(忠通)殿并に中納言(基実)殿、参内せしめ給ふ。此の間、清盛朝臣・義朝□、召しに依り朝餉《あさがれい》に参り、合戦の籌策《ちゅうさく》を執奏す。入夜、清盛朝臣以下、各甲冑を着し、軍兵を引率す。

清盛朝臣は紺の水干《すいかん》・小袴・紫革□□□□の冑を着す。常陸守頼盛(平)・淡路守教盛(平)・中務少輔重盛(平)、同じく武装を備へ相従ふ。

義朝は赤地錦の水干・小袴を着す。頼政以下各々思ひ〳〵、多く紺の水干・小袴を用ゐ、或は生絹を用ゐる。皆冑・折烏帽子《おりえぼし》を蒙り、骸宛を付け、革貫を着す。僮僕、胡簶を負ひ甲を持つ。

今夜、下官(平信範)、殿下(忠通)の仰せに依り、東三条に参り、寝殿以下を検知す。俄に行幸有るべきの故なり。

「禁中」（内裏高松殿）と白河北殿との間は、約二キロメートル隔たっていた。「彼の僉議に依り」とは、白河北殿において崇徳と頼長が「額を合はせて議定」した（本書六八頁）とあるのを受けており、頼長が白河に到着したのを見て後白河方もまた「武士を集め」たとの説明であるが、この記述には矛盾がある。先には頼長は「晩頭」（午後七時ごろ）に白河に到着したと書かれていた。ここにも同じ「晩頭」に、後白河方の軍勢が「雲霞の如」く集まったとある。[112] 後白河方がそれより以前に武士に召集をかけていたことは間違いない。

後白河方に参集した武士の中、まず源義朝と源義康の二人は、既述のごとく、六月一日から内裏を警備する任務に就いていたため、「此の外」の武士とは区別されている。「此の外」では、平清盛をはじめ、ここに記された名だたる武士が続々と後白河方に集結した。さらに翌十一日条の記事（本書七八頁）に見える源頼盛もこれに加えられよう。この時点において、合戦となれば後白河方が勝利することはすでに明白になった。

なお、清盛とともに平頼盛の名が見えることに注意したい。清盛と頼盛は兄弟とはいっても異母であり、しかも頼盛の母（忠盛の後妻。池禅尼《いけのぜんに》）は崇徳の長男である重仁の乳母であった。頼盛は本来、崇徳方に加わるべき立場にあったのであり、その頼盛が後白河方となったのは、『愚管抄』によれば、母の指図によるものであったという(113)。この頼盛の離反は、崇徳方にとって手痛い打撃であったといえよう。

次いで、関白忠通とその息基実もこの「晩頭」に内裏に参入し、いよいよ情勢は最終局面に入る。早速、清盛と義朝が内裏の「朝餉」(114)に呼ばれ、合戦についての意見を問われた。清盛・義朝は即時開戦の意見を述べたと思われる。開戦は決定された。「入夜」（午後九時ごろ）(115)、清盛をはじめ武士は全員、鎧を身に纏《まと》って武装し、部隊を編成して（「軍兵を引率」）、戦闘準備態勢を整えた。後は出動命令が下るのを待つばかりとなった。

（2）軍勢の出動

しかしながら、後白河方の軍勢はすぐには出動しなかった。ようやく「鶏鳴」、すなわち、午前二時ごろになって、出動を開始したのである。軍勢はそれまで五時間ほども待機していたことになる。
『兵範記』七月十一日条は、その出動の模様を次のように記している。

> 十一日。庚戌。鶏鳴、清盛朝臣・義朝・義康等、軍兵都《すべ》て六百余騎、白河に発向す。清盛三百余騎、二条方より。義朝二百余騎、大炊御門方より。義康百余騎、近衛方より。此の間、主上(後白河)、腰輿《たごし》を召し、東三条殿に遷幸す。内侍《ないし》、剣璽《けんじ》を持ち出だす。左衛門督(基実)殿これを取り、腰輿に安んぜしめ給ふ。他の公卿并に近将、不参の故なり。殿下(忠通)、扈従《こしょう》せしめ給ふ。両殿直衣。西門より出で、西洞院より北行し、東三条の西門に入御す。中門并に透廊を経。御輿、暫く寝殿の南庇の階の間に安んず。此の間、内府(実能)参入す。直衣。賢所《かしこどころ》同じく渡御す。上官の座の廊に安んじ奉る。職事・近将、副ひ奉ること常の如し。女御(忻子)、網代《あじろ》車に駕し、同じく渡御す。御車、東の中門の外に立つ。三面の門々各差し、武士守護す。鎖を差し、内外を固むるなり。瀧口《たきぐち》の輩、甲冑を着す。門毎に二人。押領使《おうりようし》を差し定む。前蔵人源頼盛、召しに依り、南庭に候ず。同じく郎従数百人、陣頭を囲繞す。此の間、頼政・重成・信兼等、重ねて白川に遣し了んぬ。

かなり長い引用となったが、軍勢の出動を伝えるのは最初の一行と最後の一行である。その間に後白河天皇の東三条殿行幸の記事がある。東三条殿は内裏高松殿の北隣にある摂関家の邸宅で、八日に接収されたばかりであった（本書六〇頁）。そこが臨時の皇居になり、後白河は三種の神器を伴い移動した。

この記事によれば、軍勢は二回に分かれて出動した。第一派は、清盛が三百騎、義朝が二百騎、義康が百騎を率い、それぞれ南方、西方、北方から白河に向かっている。第二派は源頼政、源重成、平信兼らの率いた軍勢である[116]。その兵数、進路は記されていないが、第一派に第二派を合わせれば、出兵の総数は千騎にも近づこうか。

これらの攻撃部隊のほかに、守備部隊も存在した。東三条殿行幸記事に源頼盛が寝殿の南庭に召されたとあるように、守備部隊を率いたのは源頼盛であり、彼の「郎従数百人」が「陣頭」[117]、すなわち、東三条殿の周囲を固めたのである。この頼盛は多田源氏で、崇徳方になった頼憲の兄であるが、この兄弟は長年対立関係にあった[118]。ここに至って、頼盛が多田源氏を全面的に掌握し、後白河方として大量の兵を動員したことが知られる。この多田源氏の動向もまた、後白河方の圧倒的優勢を決定づけた大きな要因であるといえよう。

(3) 忠通の逡巡

ところで、ここで注目しておきたいのは、開戦が決まってから実際に軍勢が出動するまで、五時間ほどの空白があるとみられることである。両者は鴨川を挟んで向かい合っていた。お互いに相手側の様子は手に取るようにわかったであろう。後白河方が出陣態勢を整えたことは、すぐに崇徳方も察知したはずである。そのような中で、後白河方の軍勢が長時間にわたり、待機し続けたのはなぜであろうか。

この事情を伝えるのが、次の『愚管抄』の記事である。舞台はまた内裏高松殿に戻る。

内裏には、義朝《(源)》が申あげゝるは、「いかに、かくいつともなくてさゝへたる。御はからいは候にか。いくさの道はかくは候はず。先たゞをしよせて、蹴ちらし候ての上のことに候。為義《(源)》、よりかた《(頼賢)》・為朝ぐ《(具)》してすでにまいり候にけり。親にて候へども、御方にかくて候へば、まかりむかい候はゞ、かれらもひき《(退)》候なん物を。たゞよせ《(寄)》候なん」と、かしら《(頭)》をかき《(掻)》て申けるに、十日一日にことき《(事切)》れず、みちのり法し《(通憲法師)》、にはに《(庭)》候て、「いかに〳〵」と申けるに、法性寺殿《(忠通)》、御まへに《(前)》ひしと候て、目をしばたゝきて、うちみあげ〳〵みて、物もいはれざりけるを、実能《(藤原)》・公能《(藤原)》以下これをまぼりてありけるほどに、十一日の暁、「さらば、とくをい《(追)》ちらし候へ」といゝ《(言)》いだされたりけるに、下野守義朝はよろこびて、(後略)

後白河天皇が奥におり、関白忠通がその前に控え、庭に信西(藤原通憲)と源義朝が座した光景である。『兵範記』によれば、義朝は十日の「晩頭」に朝餉間に召されたのであったが(本書七六頁)、それはこの場面には当てはまらない。そのとき義朝はすぐに内裏から退出して、出陣準備に入っているからである。『兵範記』には記されていないが、その後もう一度義朝は内裏に参上したとみなければならない。それがこの『愚管抄』の伝える場面である。

信西と義朝の二人は、忠通に出動命令を出すよう激しく迫った。今攻めれば必ず敵を破ることができる、なぜ出動させないのか、いつまでこのまま待機させるのか、と。忠通はひたすら黙然として答えずにいたが、ついに折れて出動命令を下した。それが「十一日の暁」であったというのは、つまり、「鶏鳴」の時刻に一致している。(119) このとき事件は「乱」となった。これはその決定的な場面である。

忠通と信西・義朝と、両者の様子はきわめて対照的である。頭を掻きむしって苛立つ義朝と語気強く迫る信西。それに対し、「目をしばたゝ」いて虚空を見やり、押し黙ったままの忠通。一方的に突き上げられるままの忠通は、まことに情けなくもみえるが、忠通のこの態度は何を意味するのであろうか。

開戦の方針はまだ決まっていなかったのであろうか。そのような疑問も浮かぶが、しかし、それは否定されよう。十日「入夜」の出陣準備は、その前に開戦方針が決定されたことを示している。また、その夜、『兵範記』の記主（平信範）が行幸《ぎょうこう》の準備のために東三条殿に赴いていることも(120)（本書七六頁）、その証左となろう。実際に東三条殿行幸がなされたのは、軍勢の出動と同時であった。これをみれば、行幸と軍勢出動とはそもそも一つのものとして予定されたと捉えるのが妥当であろう。東三条殿の支度を信範に命じたのは忠通であるから、忠通自身が前夜から開戦の準備を進めていたとみなければならない。

その彼がこの土壇場にきて、なぜ出動命令を出そうとはしないのであろうか。ただひたすら突き上げに耐え、沈黙を続けるのはなぜなのか。法皇の死去以来、積極的に攻勢を仕掛けてきたとみられる彼が、この山場に来てにわかに態度を変えるとは不思議である。忠通は何を想っていたのか、確かめようはないながらも、彼の心中を推し量ってみよう。

まず情況の経過をみよう。崇徳が突如行動を起こしたと知ったときには、忠通も焦燥にかられたであろう。しかし、武士の動員競争の結果、十日「入夜」には後白河方は圧倒的多数の結集に成功していた。その時点で忠通は勝利を確信したはずである。そして、それを境に忠通が消極的態度に転じたということであれば、その理由に見当がつかないものではない。

忠通は武力の行使を避けようとした。その意味での平和的解決が可能であるという期待をもったのではなかろうか。問題は崇徳方の出方にかかっている。崇徳方も後白河方の大軍を見て、形勢の不利と事態の危急を悟れば、ともかくも身の安全をはかろうとするのではないか。もし崇徳方が自ら降伏し、白河殿から退去してくれるならば、当面、白河殿に向かって攻撃をかける必要もなくなることになる。すなわち、忠通は崇徳方の降伏に期待を寄せ、その動きを待つことにしたのではなかろうか。

おそらく後白河方と崇徳方との間には、何らかの連絡ルートもあったのであろう。真偽のほどは別にしても、平家弘・源為義・源頼賢が判官代に補されたという崇徳方の動向が後白河方に伝わっているように（本書六八頁）、情報は入手されていた。水面下で忠通が交渉をはかっていたとしても不思議はない。忠通はただ無駄に時間を費やしていたのではあるまい。

忠通が武力の行使を極力避けようとしたのはなぜか。それは相手が太上天皇であるからではないかと推測される。身位の尊さを恐れることは、忠通にとって当然の感情であろう。崇徳方においても、頼長は「只今何事のあらんずるぞ」という楽観的発言をしたとされるが（本書七一頁）、これもよもや忠通が崇徳に対して武力攻撃を加えることはあるまい、と判断したからであろうと思われる。摂関家の内訌はこの事件の主要な側面であり、ここまでは後白河方においても忠通が主導権を握っていた。もしも忠通がそのまま主導権を維持しえたならば、事件の展開は別の様相を呈したに違いなかろう。

しかしながら、忠通は崇徳方の降伏を確信していたわけではない。一縷の望みを託したにすぎない。それは彼の苦渋の表情に語られている。一方、頼長は忠通のさしのべたこの最後の救いの手に応じなかった。忠通とまだまだ張り合ってゆけると思ったのであろうが、そこに誤算があったことになる。忠通は後白河方の中で孤立し、急速に主導権を失ったのである。この変化によって、武力の行使が実現された。後白河方をこの方向に引っ張り、忠通に替わって主導権を握ったのは信西であった。

それにしても、なぜ忠通は押し黙っていたのであろうか。なぜ信西・義朝を押さえ込もうとはしなかったのか。逆にいえば、なぜ信西・義朝のごとき下位の者が、遠慮もなく関白を激しく突き上げることができたのであろうか。

この疑問を解く鍵は「御まへにひしと候て」いることにあろう。これは後白河の御前の場であり、両者は後白河の存在を意識しているのではないか。すなわち、武力の行使は後白河の意思でもあるのではなかろうか。信西は後白河の意思を代弁しているのだとみれば、彼が忠通に語気強く迫るわけも、忠通がその信西の態度を制止できないわけも、納得がゆくように思われる。

（4）公卿の不参

この内裏の場面には、さらにもう一つの重要な特徴がある。ふたたび『兵範記』の軍勢出動の記事に戻り（本書七八頁）、東三条殿行幸記事を見よう。

その中に次の記述がある。すなわち、天皇の乗った「腰輿」に「剣璽」を入れる役を勤めたのは藤原基実《もとざね》（左衛門督）である、それは「他の公卿并に近将、不参の故」であった、と。

行幸に際し、天皇の輿に剣璽を入れる役は、近衛中将を兼ねる公卿が勤めるべきものである。[121] それを近衛中将でもない基実が勤めたのは、近衛中将のみならず、公卿が他にいないからなのであった。

この記事によって、内裏（高松殿）に参入している公卿は忠通・基実父子のみであること、この父子以外の公卿は誰も参内していないことが判明する。

しかるに、前引の『愚管抄』には、忠通を「実能・公能以下これをまぼりてありける」とあった。さらに同書の崇徳が九日に白河に移った記事の後にも、

さればよと、すでに京の内のだいりに、関白(忠通)、徳大寺の左府(実能)などいゝし人々、ひしとまいりつどいて、

とあり、『愚管抄』は忠通父子以外の公卿も参内していたと述べている。しかし、ここに登場する藤原実能（内大臣）は、『兵範記』の東三条殿行幸記事にあるように（本書七八頁）、軍勢が出動した後に

はじめて東三条殿に直接参入したことが明白である。[122] 公能ら、他の公卿の参内も確かめられない。事実関係は『兵範記』に従うべきであり、『愚管抄』のこの箇所は誤りとみなければならない。

従来はこの『兵範記』の記事が無視されていたようで、『愚管抄』や『保元物語』によって、公卿はこぞって高松殿に参集したと説くのが通説になっている。[123] そのため貴族の圧倒的多数が最初から後白河方に結集していたかのような誤解が生まれた。しかるに実態はそのようなものではない。崇徳方に頼長と藤原教長[124]しかいないのと同様に、後白河方にも忠通と基実しかいないのである。忠通派であったはずの伊通や宗能さえも、その姿を見せていない。天皇と摂関家の当事者だけが二手に分かれて対峙し、公卿は皆傍観しているという構図である。

これはきわめて特異な、注目すべき情況である。鳥羽法皇の死後一週間、かかる情況下にすべての事件は進行してきた。後白河方はこの機を逃さず決着をつけようと焦るあまり、貴族の合意と結集という課題を二の次にして、忠実・頼長の追い落としを強行した。それは必ずしも磐石の態勢とはいえない。崇徳が強気の行動に出たのは、そこに後白河方の弱みを見たからであろう。

しかし、この崇徳の判断にもまた慎重さが欠けていたといえる。後白河方の抱えるこの弱みのために、事態は思わぬ方向に展開したからである。もしも大勢の公卿がその場にいたならば、忠通は彼らの支援を得て、主導権を保持することができたかもしれない。後白河の意思も簡単には通らないであろう。

しかるに、孤立無援の状態に置かれた忠通は、信西の突き上げを押さえ切ることができなかった。公卿の不参という情況が、この不測の事態を生んだ。それは忠通自身のみならず、崇徳や頼長にとっても不測の事態であったというべきである。その結果として、崇徳と頼長は悲惨な末路をたどることになる。

以後、信西の主導権のもとに、事態は展開し始める。その新たな情況を生み出した転換点は、如上の軍勢出動の場面であった。

（5）戦闘の開始と終結

以上のような経過で、後白河方の軍勢は出動した。その後、合戦はどのように展開したであろうか。『兵範記』保元元年七月十一日条は「此の間、頼政・重成・信兼等、重ねて白川に遣し了んぬ」（本書七八頁）に続いて、次のようにその模様を記している。

> 彼れ是れ、合戦已《すで》に雌雄に及ぶの由、使者参り奏す。此の間、主上(後白河)御願《ぎょがん》を立つ。臣下祈念す。辰の剋《こく》、東方に煙炎起つ。御方の軍、已に責め寄せ、火を懸け了んぬと云々。清盛等、勝に乗じて逃ぐるを逐ふ。□上皇(崇徳)・左府(頼長)、跡を晦まし逐電《ちくでん》す。白川御所等焼失し畢ぬ。斎院御所并に院北殿なり。御方の軍、法勝寺に向かひ検知す。又、為義の円覚寺の住所を焼き了んぬ。主上、此の旨を聞《きこ》し食《め》し、即ち高松殿に還御す。其の儀、朝の如し。賢所還御す。午剋、清盛朝臣以下の大将軍、皆内裏に

帰参す。清盛・義朝、直に朝餉《あさがれい》に召し、勅定を奉る。上皇・左府、行方知れず。但し、左府に於ては、已に流れ矢に中《あた》るの由、多く以て称し申す。為義以下の軍卒、同じく行方知れずと云々。宇治入道殿(忠実)、左府の事を聞し食し、急ぎ南都に逃げ向かはしめ給ひ了んぬと云々。左府、矢に中り疵せらると雖《いえど》も、其の命の存否、今日分明ならずと云々。

現場から「合戦已に雌雄に及ぶ」との報告が入った。即ち、戦闘に突入したのである。そして最後に後白河方が白河殿に火を懸け、(125)合戦に決着をつけた。その時刻は午前八時ごろ(「辰の剋」)である。崇徳上皇をはじめ、崇徳方の面々は白河殿から逃走した。後白河方はその捜索を行った後、昼の十二時ごろに内裏(高松殿)に帰還した。出動から十時間後である。

戦闘はいつ開始されたか。『兵範記』はその時刻を明記していないが、『愚管抄』は「ほの〳〵によせかけたりけるに」と述べ、夜の明け始めるころに後白河方の攻撃が始まったとする。午前四時ごろとすれば、(126)軍勢の出動開始から二時間ほど経っており、十分に布陣を整えてから攻撃を開始したとみられよう。四時から八時まで四時間ほどの、かなり長時間にわたる戦闘であったことになる。

(6) 合戦の実相

後白河方は圧倒的兵力で敵を包囲し、攻撃態勢を作る十分な時間があった、敵はわずかな兵力で白河殿に閉じ籠もっていた、戦闘は長時間にわたった、となれば、後白河方は崇徳方を殲滅《せんめつ》し尽くしたに違いない、と想像するのが自然であろう。しかし、この合戦の実際は、そのような予想に反したものである。後白河方が勝利したのは勿論であるが、その戦い方、勝ち方には注目すべき点がある。

第一に、後白河方にも崇徳方にも、首領級の武士に戦死者・負傷者は誰もいなかった。しかるに、唯一人、意外な人物が重傷を負っている。それは頼長であり、彼は流れ矢を頭部に受け(127)、三日後に死去した。それについて『保元物語』は、

さても今度の合戦に、源平の中にもしかるべき者は一人もうたれたり共きかぬに、いかなるものゝ放ける矢なればにや、左府にもあたりていひ甲斐なく成ぬらん、

と語っているが、まさしく頼長の負傷は不運としか言いようがなかろう。彼の不運はこの合戦の例外である。この合戦の特徴は、首領級の武士に一人の戦死者も負傷者も出ず、全体的にも死者がめだたない点(128)に認められねばならない。そのことは、そもそもこの合戦は死者を出さずにすむような戦い方をしたのではないか、という推測を導くであろう。

第二に、崇徳方は全員が戦場から逃亡している。この戦場において捕縛されたと記されている者はいない。崇徳や頼長、武士たちは皆、火炎に包まれた白河殿から脱出し、逃げおおせた。

後白河方はそれらの逃亡者を法勝寺《ほっしょうじ》(白河殿の東)方面に探索しているので、崇徳方は白河殿の東門から逃げ出たとみてよいが(129)、実はこのことは、後白河方が白河殿の東門・東側を包囲してはいなかったことを示している。情況からみれば、後白河方には白河殿を、その東側も含めて、完全に包囲す

るだけの兵力も時間も十分にあったはずである。東側の包囲は意図的に解かれたとみるべきであろう。

以上により、合戦の様相は次のように捉えられる。後白河方の戦術は崇徳方を殲滅することではなかった。目標は白河殿から崇徳方を追い出すことに置かれていた。戦闘開始の後、しばらく後白河方は攻撃を続けたが、崇徳方は一向に白河殿から退却する様子をみせない。そこで最後の手段として白河殿に放火し、崇徳方を強制的に追い出して、合戦を終わらせた。勝利を確保するにはそれで十分である。敵味方ともに、死者を出すまでもなかった。

このような戦い方がなされたのは、攻撃する相手が崇徳上皇であったからであろう。本格的に戦闘を交えるならば、崇徳の身に死や負傷の危険が生まれる。それを恐れたのではなかろうか。いわば安全に崇徳を逃がしたのであろう。そうしてみれば、頼長の負傷はますます不運としか言いようがない。

(7) 東三条殿行幸について

なお、この合戦について一つの疑問がある。それは皇居を合戦の間のみなぜ移動したのかという問題である。後白河天皇は、軍勢の出動とともに高松殿から東三条殿に移り、戦勝の祈願を行ったが、戦闘終結の報告を受けると、ふたたび高松殿に戻った。東三条殿での滞在は約六時間ほどになる。それは平素の行幸とは異なり、神剣・神璽のみではなく、神鏡(「賢所」)も移され、また、女御忻子もともに移るなど、皇居を正式に移した形である。しかも、門は固く閉ざされた。

なぜこのような措置がとられたのか、私にはその理由は判然としない。少なくとも考え方としては、天皇同士の戦いであるという視点が必要であろう。天皇が天皇に対して兵を向ける場合には、皇居を移すべきものとされていたのではなかろうか。その根拠は前例や典籍などにあるに違いなかろうが、まだその確認を得ることはできない。今後の課題としたい。(130)

六　乱の結末

（一）崇徳の流罪

崇徳は十一日の合戦で白河殿から逃げた後、入道親王覚性《かくしょう》の仁和寺御室《にんなじおむろ》に辿り着いた。覚性は崇徳・後白河と同母の弟である。崇徳は、十二日に出家するとともに、(131)このとき鳥羽殿にいた覚性に書状を送って後白河への取り成しを依頼した。しかし、覚性に拒否され、十三日に仁和寺内の他房に移り、後白河方に拘束された。(132)その後、讃岐《さぬき》国への配流が決まり、二十三日夜に仁和寺を発ち、讃岐に向かっている。(133)彼は八年後に讃岐で死去した。

崇徳が讃岐に流されたことは、おそらく貴族たちを驚愕させたであろう。崇徳にはどのような処分が加えられるべきか、その基準となる前例として想起されるのは弘仁元年の政変（八一〇年。いわゆる薬子《くすこ》の変）である。この事件で敗者となった平城《へいぜい》は上皇、勝者の嵯峨《さが》は在位の天皇であり、しかも、平城と嵯峨は同母の兄弟であった。これは崇徳と後白河の関係にそのまま当てはまる。この事件の場合、平城上皇には旧平城宮に幽閉する処分がなされているから、これに准拠するならば、崇徳は京都近郊の何処かに幽閉されることで済むはずであろう。

しかるに、崇徳は讃岐国に流罪となった。これに相当するのは、淡路《あわじ》国に流された廃帝（淳仁《じゅんにん》天皇）の例（七六四年）であろうが、しかし、崇徳は太上天皇の尊号を剝奪されていないので、(134)淡路廃帝の例そのままでもない。太上天皇の地位を認めながら流罪にする、ということの矛盾には不審を感じるが、その点がどのように理解されていたのかは判明しない。

いずれにしても、太上天皇に対する処分としては、異例の厳しさである。これは後白河の意思とみることができよう。(135)そして、その意思を実現した推進役は、おそらく信西ではなかろうか。崇徳に対してかかる強硬な処罰が実行されたのは、信西の主導権によるとしか考えられない。忠通らにはなしがたいことであろう。

（2）忠実の逃亡

摂関家の混乱は合戦後も続いた。忠実は十一日、合戦の報を聞くや、すぐに奈良に逃れたが（本書八七頁）、これは忠通の立場をきわめて厳しいものにしたと考えられる。忠通は、忠実が宇治《うじ》に留まり、恭順の意を表すことを願ったであろう。勝負の決したこの段階においては、父を謀反人にしないことが忠通の課題であったと考えられる。もし忠実が、頼長の行動に自分は関知していないという態度を取るならば、忠実は罪を免れることが可能であるかもしれない。そのためには、忠実が宇治に留まって謹慎することが必要であった。

しかし、忠実はその逆の行動をとった。奈良の興福寺《こうふくじ》は忠実派の勢力が強く、頼長はその軍勢を動員しようとしたとの噂もあり、後白河方は合戦当日（十一日）の午後、忠実・頼長派僧侶の所領没収の命令を発した。(136) かかる情況の中で、忠実が奈良に逃れたことは、後白河方に対する敵対行動と受け取られても仕方のない意味をもっている。

一方、同じく十一日の午後、忠通を氏長者《うじのちょうじゃ》に任じる宣下《せんげ》がなされた。天皇が氏長者を任命するのは初めてのことである。(137) 前述のごとく、そもそもこの乱の発端は氏長者をめぐる問題にあり、具体的には八日の東三条殿の没収にあった。おそらくその時点において、忠通はこじれきったこの問題に決着をつけるべく、後白河による任命の形を借りて頼長から氏長者を奪うほかはないと、後白河との間で合意し、実行に移したと考えられる。したがって、この日の宣下は予定のこととみなされよう。

その夜、忠通のもとに氏長者任命の宣旨《せんじ》が届けられた。しかるに、忠通は受領を後日に延期することにし、それまで宣旨を官務が保管するよう命じている。(138) その後、忠通は氏長者の地位にはないとする態度を取り、(139) 宣旨を正式に受領したのは八日後であった。(140) 忠通の態度に微妙な変化がみられたのであるが、おそらくそれは、忠実からの譲渡という形を取ることができないかどうか、最後のわずかな期待をかけたからではなかろうか。忠実がすぐにも忠通に連絡をとっていたならば、それは可能であったかもしれない。

しかし、忠実は奈良に逃げたまま、何の連絡もなく、三日、四日と過ぎていった。この四日間が情況の決定的な変わり目であったように思われる。忠通に向かって強い逆風が吹き始めていた。

この間、頼長は重傷を負いながらも、舟で桂川《かつらがわ》を下って木津《きづ》に着き、十三日に忠実に保護を求めた。ところが、忠実はそれを拒絶し、頼長は翌十四日に縁者の興福寺僧の房で死去したという。[141]忠実は、頼長の惨めな姿を知ってやっと敗北を観念し、頼長を見捨てることにしたのであろう。しかし、もはや遅きに失していた。

（3）謀反の認定と幽閉

十五日になって、忠通ははじめて忠実からの書状を受け取った。[142]忠通はまず後白河の許可を取ったうえで、その書状を読み、返事を出している。この時点で、忠実の動向が後白河にも伝えられたことになる。

その後、十七日に諸国司宛《あ》ての綸旨《りんじ》が、そして十八日に忠通宛ての綸旨が出され、十九日に忠通は氏長者の宣旨を受領し、二十日に忠実から「御庄領目録《ごしょうりょうもくろく》」が忠通に届けられた。[143]これらの経過を点検すると、摂関家に対する処分は十五日にほぼ確定されたとみなすことができる。その骨子は二点あり、一つは忠実の処分、もう一つは摂関家領荘園の処置である。

第一に、忠実の行動は謀反と認定された。十七日の綸旨は次のように述べる。

宇治入道（忠実）、猶庄々の軍兵を催さしむるの由、其の聞え有り。件の庄園并に左大臣（頼長）の所領、慥《たしか》に没官せしめ、彼の朝家を奸濫せる乱逆を停止せしむべし。(144)

「猶」とあるように、この時点においても忠実は謀反行動を継続していると認定され、それにより、忠実と頼長の領有する荘園・所領の没収が命じられた。忠実の書状が読まれた上で、なおかつ、忠実は謀反人に決定されたのである。(145)

第二に、この十七日綸旨は、忠通を氏長者に任じたことを公表するとともに、氏長者の領有に属する荘園は没収の対象から除外されるとした。(146)これにより、頼長が氏長者として領有してきた荘園は没収を免れ、忠通の領有にそのまま移行されることになる。

さらに十八日綸旨は、忠実の領有する宇治殿や平等院などについて、忠通がこれを領有することを認めた。(147)これは現に忠実の領有する所領・荘園もまた没収されることなく、忠通の領有に入るものがあることを意味する。

実のところ、忠実の領有する荘園群の没収は行われなかった。総じて摂関家領荘園については、忠実の領有する荘園群と氏長者領荘園と認められたもののすべてを忠通が継承し、領有することが承認された。(148)

忠通は忠実に宛てた十五日の返書で、この摂関家領荘園に関する方針を伝え、その対策を要請したと思われる。二十日に忠通のもとに到着した「御庄領目録」は、忠実がその要請に応じて作成したものであろう。この六日間は、京・奈良間の往復や「目録」の作成に要する日数に合致している。この「御庄領目録」には「本御処分近年変改の所々」や高陽院領の百余ヵ所の荘園が記載されていた。(149)

この「本御処分近年変改の所々」とは、かつて忠実から忠通に譲られたが、その後忠実が忠通への譲渡を破棄、解消して取り戻した荘園を指すであろう。また、高陽院領は高陽院(泰子)が前年十二月に死去して以来、忠実がこれを領有していたのであろう。これらは忠実から忠通への譲渡という手続きをとることによって、まとめて没収処分を免れた。

このように、忠実の処罰と摂関家領荘園の保全という、一見矛盾するかのような措置が同時に実行された。それは一組の方針として十五日ごろには固まったとみなされよう。

忠実が摂関家領の保全対策に協力していることをみれば、彼が十五日書状で、後白河に反抗する態度を示したとは考えられない。彼自身にかけられた謀反の容疑を否定し、身の潔白を弁じたに違いない。実際にも、忠実が「軍兵を催」すことなど、もはやあるはずもなかろう。しかるに、後白河方はなおも忠実の反乱を強弁し、謀反人として処断する方針を貫いたのであるが、それはなぜであろうか。

一方で摂関家領の保全が図られていることをみれば、これは摂関家対策という見方では捉え切れないであろう。おそらくこの問題は後白河と摂関家の関係から生まれたのではなく、後白河の側の独白の事情に理由があるように思われる。それは崇徳の問題である。このとき後白河は、崇徳を必ず流罪に処断することに関心を集中させていたのではなかろうか。そのために、忠実にもそれに見合う罪名が必要とされたのであろう。忠実を謀反人にしなければ、後白河方の主張するような事件の構図は成り立たないからである。

忠実は洛北の知足院《ちそくいん》に幽閉された。流罪などの厳刑は回避されたが、それは忠通の立場に配慮するとともに、(150)忠実が七十九歳の高齢であることを考慮したからであろう。忠実は六年後に知足院で死去した。

（4） 崇徳方に対する処罰

崇徳の長男重仁親王は、流罪に坐せられることなく、寛暁《かんぎょう》（堀河天皇皇子）の弟子となって出家した。(151)『今鏡』が「昔の真如《しんによ》親王もかくやと見えさせ給ひける」と述べているように、弘仁元年政変事件において平城上皇の皇子高丘《たかおか》親王（真如）が出家した例にならった措置であろう。

合戦後数日間、白河殿から逃亡した崇徳方貴族の自首・逮捕が続いた。(152)なかでも崇徳側近の中心人物である教長は、出家の後、七月十四日に自首し、翌十五日に取り調べを受け、調書が作られた。それはまず右大弁藤原朝隆の、

去ぬる十一日、新院の御在所に於て軍兵を整へ儲け、国家を危《あや》め奉らんと欲する子細、実に依り弁じ申せ、

という尋問に始まり、それに答えて教長が陳述したという。(153) 事件は崇徳・頼長の謀反であるという結論はすでに決められており、教長にはその筋に沿った陳述が強要されたとみなされよう。おそらくは、『愚管抄』や『保元物語』に語られている十日・十一日の崇徳方の動向なるものは、その情報源を辿れば、この教長の尋問調書に行き着くのではなかろうか。(154) それが流布する間に、内容にさまざまの差異が生じたのであろう。『愚管抄』や『保元物語』が崇徳謀反人説を基調としていることの一つの要因として、教長調書のそのような作為の影響があるように思われる。

頼長の男子四人（兼長・師長・隆長・範長）と教長らの文臣貴族は流罪に処された。八月三日、彼らに武士の平正弘を加え、計十三人の配流が執行された。(155)

武士も次々に逮捕されたが、そのなかでも為義《ためよし》は問題とされたらしい。十一日の合戦直後に、義朝に為義の逮捕を命じる官宣旨《かんせんじ》（下野国宛て）が特に出されている。(156) これは謀反人の父（為義）を持つことになった義朝の縁坐問題の対策ではなかろうか。義朝自身が為義を逮捕することになれば、それは縁坐を免れる根拠となりうるのではないか。(157) それが義朝に為義逮捕の任務が委ねられた理由であろう。その為義はようやく十六日になって義朝のもとに自首し、義朝の宿所に拘置された。(158)

武士は二十人が死刑に処された。七月二十八日に平忠貞《ただきだ》（忠正）一族等の死刑を清盛が六波羅《ろくはら》で執行し、三十日には平家弘《いえひろ》一族等の死刑を義康《よしやす》が大江山《おおえやま》で、また、為義一族等の死刑を義朝が船岡山《ふなおかやま》で執行した。(159) これについて後白河天皇宣命《せんみょう》は、(160)

合戦の輩、散位《さんに》平朝臣忠貞以下二十人をば、古跡を弘仁《こうにん》に考へ、時議を群卿に訪《と》ひて、且《かつが》つ法律の任《まま》に、斬罪に処せり。夫《そ》れ法令は馭俗の始なり。刑罰は懲悪の基なり。

と述べている。文臣は減刑されて死刑を免れたが、武士にはあえて減刑をせず、死刑が貫徹された。きわめて厳しい処断である。武士に対するこの厳しさはなぜであろうか。宣命に「合戦の輩」とあるように、戦闘参加者が特に死刑とされたらしい(161)。この合戦は天皇と天皇との戦いであった。それゆえに、崇徳方の武士の矢先が直接に後白河に向けられたかのように意識されたのではなかろうか。皇位継承問題に決着をつけた合戦であったということが、この厳しい処断に繫がっているように思われる。

(5) 武士のアイデンティティーの確立

たしかに、武士はこの保元の乱において、初めて皇位継承問題に直接の係わりをもったのである。これは武士にとって画期的なことであった。いうなれば、保元の乱は武士のアイデンティティーを確立した事件であると位置付けることができよう。

武士もそのことを自覚していたように思われる。『愚管抄』によれば、前述のごとく、義朝は早く戦闘開始命令を下すよう、忠通に激しく迫ったのであったが(本書八〇頁)、忠通がようやくに軍勢の出動を許可したとき、義朝はまさに狂喜乱舞して勇みたったという。『愚管抄』は前出の引用文に続いて、次のような台詞を義朝に語らせている。

下野守義朝はよろこびて、日いだしたりける紅の扇をはら〱とつかいて、「義朝いくさにあふこと何ヶ度になり候ぬる。みな朝家をおそれて、いかなるとがをか蒙候はんずらんと、むねに先こたへてをそれ候き。けふ追討の宣旨かうぶりて、只今敵にあい候ぬる心のすゞしさこそ候はね」とて、(後略)[162]

このような素晴らしい気分は今までの合戦にはなかったことだ、と義朝は言う。その意味はどこにあろうか。問題が追討宣旨の有無にあるかのように解釈したのでは、義朝の真意に迫ることにならないであろう。この合戦は追討宣旨による普通の合戦とは違うのだ、というのが彼の真意ではないか。「けふ追討の宣旨かうぶりて」に続く「只今敵にあい候ぬる」の文句が肝心であろう。この「敵」とは崇徳上皇である。崇徳という天皇を敵にする戦いに臨んで、義朝は「朝家をおそれ」るどころか、「心のすゞしさ」に満たされたのであった。彼はこの感動を身体一杯に表現したのである。

保元の乱と普通の合戦の違いは「敵」にある。「敵」は天皇であった。天皇の命を受けて、天皇を討つのである。ここにおいて武士は初めて皇位継承問題に係わった。そのとき武士としての誇りが自覚された。

天皇と武士が直接に結合するあり方は、この保元の乱によって生まれた。「天皇の守護者」という新しい武士イメージの成立である。ここに武士のアイデンティティーを求めることができるのではなかろうか。以後一貫して、武士は皇位継承問題の動向に左右されることになる。[163]

第二　平治の乱

一　保元の乱後の情況

(一)　後白河天皇の譲位

保元《ほうげん》の乱から二年後の一一五八(保元三)年八月十一日、後白河天皇は二条天皇に譲位した。それに関して、『兵範記《へいはんき》』保元三年八月四日条に次の記事がある。

殿下(忠通)、高倉殿《たかくらどの》に渡御《とぎょ》し、作事《さくじ》を覧る。下官(信範)祗候す。頭右兵衛督(惟方)、中使《ちゅうし》として参上す。御対面有り。御譲位の間の事と云々。近日俄《にわか》に其の儀出来《しゅったい》せんか。唯し仏と仏と評定《ひょうじょう》す。余人、沙汰に及ばざるか。

後白河の在位は三年を超える。二条の元服から数えても二年八ヵ月が過ぎていた。元々が中継ぎ役的な即位であり、故鳥羽法皇も早期に譲位させることを予定していたと思われる。譲位は故法皇の遺志に沿って行われたものであろう。

しかるに、この記事によれば、関白藤原忠通《ただみち》は譲位の相談にはあずからなかったらしい。後白河は譲位が決まった後に、蔵人頭《くろうどのとう》藤原惟方《これかた》を使者に立て、これを忠通に伝えたのである。後白河から二条への皇位継承がいかに既定方針であったとはいえ、関白を外して事が決められるとはいかにも異様である。三年前、後白河の即位は忠通の進言によって決まったのであったが、それに較べれば、忠通の立場は明らかに様変わりした。

これはいわば忠通への引退勧告にも等しいとみるべきであろう。実際に、二条天皇の践祚《せんそ》とともに、関白は忠通からその男子の基実《もとざね》（右大臣）に替わったが、[164] 基実はまだ十六歳（二条天皇と同年）の異例に若い関白であった。

譲位の決定に関与した「仏と仏」とは、すでに指摘されているように、[165] 美福門院《びふくもんいん》と信西《しんぜい》（ともに出家人）に違いない。この二人は故法皇の遺志を代弁できる立場にあり（本書五八頁）、しかも信西は後白河の乳父《めのと》である。彼は保元の乱を機に主導権を掌握したが、その勢いはなお継続している。かたや摂関家は保元の乱によって蒙った痛手から立ち直っていない。

（2）忠通の屈辱

この譲位の四ヵ月ほど前に、摂関家の権威を失墜させる事件が起きた。四月の賀茂祭《かものまつり》の日、忠通の桟敷前を検非違使《けびいし》の行列が差し掛かったとき、参議《さんぎ》藤原信頼《のぶより》の車が桟敷前を通過しようとしたため、忠通の従者はこれを阻止し、信頼の車を破損させた。信頼はこれを後白河天皇に訴え、激怒した後白河は忠通方のみを処罰したのである。忠通は東三条殿《ひがしさんじょうどの》に「閉門」し、家司《けいし》平信範《のぶのり》（『兵範記』の記主）

の解官《げかん》などの処分が下された。「閉門」は五日後に解かれたが、信範の処罰が赦免されたのはさらに二ヵ月後であった。(166)

信頼はこのころ急速に成り上がった後白河の寵臣である。『愚管抄《ぐかんしょう》』は「あさましき程に御寵ありけり」と評しているが、信頼の昇進ぶりから推測すると、後白河の寵愛が甚だしくなったのは保元の乱後であるらしい。一一五七（保元二）年三月から一年の間に、位階は従四位下から正四位上に上がり、官職は右近衛中将《うこんえのちゅうじょう》、左中将、蔵人頭を経て、参議に昇った。その後も異例の昇進を遂げ、譲位の前日に正三位、権中納言《ごんのちゅうなごん》に叙任されるに至る。参議在任わずか六ヵ月で、先任の五人を抜き、しかも二十六歳の若さで権中納言に昇進したのである。(167) 後白河のすさまじい偏愛ぶりが窺われよう。

後白河が信頼を擁護し、忠通方のみを処罰したのは、摂関家を蔑ろにするやり方といってよい。このような摂関家軽視、側近偏重の態度は、前述のように、譲位に際しても同様に表れた。

（3）後白河と忠通の関係

省みれば、保元の乱までは後白河と忠通とは連携を組み、二人は協調しつつ政局を主導していた。むしろ後白河は忠通に依存する傾向もみられた。その二人の関係が、乱をきっかけにかくも大きく変化したのは、どのような理由によるのであろうか。

一つに、後白河の立場の強化があげられよう。崇徳《すとく》上皇を打倒し、後白河には自己の皇位を脅かすような競争相手が誰もいなくなった。

二つに、摂関家の醜態がある。藤原忠実《ただざね》が謀反人として幽閉されたことは、摂関家の権威を著しく傷つけた。忠通もまた、父に敵対したことの不孝を道徳的に非難される立場になった。

三つに、忠通の方が後白河に依存せざるをえない問題が現実に生まれていた。氏長者《うじのちょうじゃ》の宣下《せんげ》や、忠実に対する処罰の緩和などに象徴されよう。

四つに、後白河の忠通に対する信頼感が失われたのではないか。忠通は保元の乱の決定的段階で武力の発動に躊躇した。このことに後白河は不信の念を抱いたと思われる。

保元の乱に至るまで、忠通は摂関家の名跡を継ぐことのみに精一杯であった。その最低限の目標を達成したのではあったが、以上のような情況の中で、忠通が主導権を回復することは難しい。彼は後白河に従順な姿勢を取り続けた。

それを最もよく示しているのが、基実《もとざね》の結婚である。一一五九（平治元）年七月一日、基実は信頼の妹を妻とした(168)。忠通と信頼とが賀茂祭に事件を起こしてから一年余り後である。信頼は忠通が屈辱を嘗めた当の相手にほかならない。忠通がその仇敵であるはずの信頼と婚姻関係を結んだのは、信頼が後白河の寵臣であるという一点に理由のすべてがあろう。忠通はひたすら後白河に取り入ることで、摂関家の安泰を図ろうとしているようにみえる。それが後白河の側近偏重の態度を助長することにもなるのであろう。

（4）貴族社会の動向

一方、貴族社会は安定している。保元の乱は貴族社会にほとんど何らの変動も及ぼさなかった。貴族の大多数は、天皇同士・摂関父子の戦いを傍観したからである。乱の後に、かつて忠実派であった藤原宗輔《むねすけ》、忠通派の藤原伊通《これみち》、故法皇の側近であった藤原公教《きんのり》の三人が順次、大臣に昇進した。これは貴族集団の和合を示すものである。そしてさらに、それは貴族社会における「家格《かかく》」の形成の進展を示すものとしても注目に値する。実は、貴族社会の画期的な変質が密かに進んでいたのである。(169)

この「家格」形成の運動が進行したのは一一五〇～一一六〇年代であるが、それが摂関家の分裂期・弱体期に重なっているのは決して偶然のことではない。貴族社会には「家」の永続により自立と安定を得ようとする欲求がある。摂関が貴族集団を束ねる役割をはたしえない情況が深まるとともに、その欲求は運動化し、「家格」を生み、「家格の秩序」の形成を推し進めるようになったと捉えることができよう。

上流貴族の中でも、後白河と特に親密な関係を保っているのは閑院流《かんいんりゅう》である。後白河の生母である待賢門院《たいけんもんいん》（璋子）の同母兄が実能《さねよし》（徳大寺《とくだいじ》）、異母兄弟が実行《さねゆき》（三条）・季成《すえなり》であるが、実能の男子の公能《きんよし》は、娘（忻子）を後白河の中宮《ちゅうぐう》とし、実行の男子の公教も、娘（琮子）を後白河の女御《にょうご》とした。(170)しかも、公教は実能の猶子《ゆうし》であり、(171)両系は連携している。平治元年に内大臣公教は五十七歳、権大納言公能は四十五歳になったが、この二人は公卿集団の中で主導的役割をはたしうる年齢になっていたといえるであろう。季成の娘（季子）も後白河の妻となり、男子二人・女子四人を産んでいた。[172]

（5）後白河と側近政治

この間、後白河は、在位中も譲位後も変わりなく、朝廷の中心に存在した。保元の乱によって皇位継承問題が解決し、後白河系が唯一の皇統として成立した今、後白河はきわめて安定的な体制を築くことができるはずであった。忠通、公教、信西ら、故法皇の側近たちがすべてそのまま後白河の取り巻きになった。二条の外戚・側近である藤原経宗《つねむね》や惟方も、このころは後白河の側近でもあった。[173]

しかるに、後白河はその立場の強みに反して、安定的に政局を運営することはできなかった。保元の乱からわずか三年後に、平治《へいじ》の乱が勃発したのである。それればかりではなく、その後も二条天皇との対立や、平清盛《たいらのきよもり》との確執があり、ついには一一八〇年代の内乱に至ることになる。なぜ後白河の治世期にはかくも動乱・動揺が絶えないのであろうか。

そこにはさまざまの原因があろう。後白河自身の人格と個性の問題もたしかにあるが、いまは朝廷のあり様に注意を向けてみよう。白河「院政」や鳥羽「院政」と較べて、後白河の治世期は何が違うのか。思い浮かぶのは、すでに述べたような摂関家の権威の低下という問題である。

白河「院政」・鳥羽「院政」期には摂関家は健在であり、貴族を束ねる役割をはたしていた。白河院も鳥羽院も摂関家とは基本的に協調関係を維持しており、それが彼らの「院政」の基礎であった。(174)貴族社会のことは摂関家に委ねるという方式は、政局の安定的運営に大いに貢献したといえよう。

しかるに、保元の乱によって情況は一変する。これを機に摂関家は統率力を失ってしまった。摂関家がひたすら後白河に屈従するという光景は、一見すると、後白河が強力な体制を作ったかのようである。しかし、実態は逆なのではないか。後白河は支配の有力な拠り所を失ったとみるべきであろう。(175)彼には忠実な側近を頼りにする術しか残されていない。後白河の治世には、側近政治の揺らぎと危うさがつねに付きまとうことになった。

(6) 信西と信頼

後白河の側近の中で、頭目とされるのは信西である。(176)彼は少納言で辞官し、出家した身であるにもかかわらず、実務能力を買われ、故鳥羽法皇に用いられた。『愚管抄』も信西には高い評価を与えており、上流貴族の評判もよい。それは彼の実力を認めるからであるが、もう一つ、彼が身の程を心得ている人物とみられたためであろう。彼自身は前少納言に過ぎないし、彼の子息たちの昇進も極端に目立つものではない。

信西の男子等については、『愚管抄』に「俊憲《としのり》等才智文章など誠に人に勝れて」とか、「大方信西が子どもは（中略）みなほどほどによき者にて有ける」というような讃辞が書かれている。長男の俊憲は平治元年に父を超え、三十八歳で参議に昇進した。これは中納言まで昇った者の嫡男に対する待遇に相当するから、破格の昇進には違いないが、父の功績と彼自身の能力も勘案すれば、貴族らも納得しうる範囲内に収まるであろう。

信西のように、有能で役に立ち、しかも貴族社会の秩序を乱す懸念がないというタイプの人物は、上流貴族にとってまことに重宝である。何とも頼りなげな後白河の補佐役に信西はうってつけであり、貴族らに安心感を与えたと考えられる。側近政治も信西が中心にあるかぎり、破綻をきたす心配はないと思われたであろう。

しかるに、この情況はまたたく間に崩れだした。藤原信頼が後白河の寵愛を得て、急激に台頭してきたためである。前述のごとく、信頼は短期間に異様な速さで昇進しており、このまま大納言に、さらには大臣へと昇りかねない勢いである。貴族の眼から見れば、秩序の攪乱であろう。

信西と信頼がともに側近の頭目として並び立つことは難しい。『今鏡《いまかがみ》』は、信西が信頼の昇進を妨害したことが原因となり、二人は対立関係を深めたとして、

> 信頼の衛門督と申ししは、かの大徳(信西)が仲あしくて、かかるあさましさをし出だせるなりけり。御覚えの人にて、「いかなる官にもならむ」と思ふに、入道《にゅうどう》諫むるをいぶせく思ひて、軍を起したりけるを、[177]

と述べている。たしかに、信頼の昇進が一一五九(平治元)年になって停滞していることが注目され

よう。一一五七（保元二）年から急激な昇進が始まり、翌年八月には正三位・権中納言に昇り、さらに同年十一月に検非違使別当《べっとう》・右衛門督に任じられたが、しかし、その後は目立った昇進がない。信西が信頼の昇進にブレーキを掛けたのは事実であろう。

信西と信頼との対立が険悪化するなかで、後白河はそれをどのように見ていたのであろうか。あるいは、信頼に対する後白河の寵愛が減じたのか。しかし、七月に摂関家と信頼の縁戚関係が成立したことをみれば、それはありそうにも思われない。後白河は信西に対してどのような感情を抱くようになったのか、依然として頼りがいのある無二の忠臣と見たのか、あるいは、疎ましさを覚えるようになったのか、興味深いものがある。

（7）後白河「院政」の性格

後白河譲位後の「院政」について、その特徴を検討しよう。『愚管抄』には、

保元三年八月十一日におりさせ給て、東宮二条院に御譲位ありて、太上天皇にて白河・鳥羽の定に世をしらせ給ふ間に、(178)

とあり、また、『今鏡』には、

かくて保元三年八月十六日、位東宮《とうぐう》に譲り申させ給ふ。位におはします事三年なりき。おりゐの帝にて、御心のままに、世をまつりごたむと思ほし召すなるべし。さきざきの御門位につかせ給

ひ、院など申せども、わがままにせさせ給ふ事はありがたきに、ならぶ人もおはしまさず。[179]

とある。『今鏡』に語られるほど意欲的であったかどうかは分からないが、政務が後白河「院政」の形で遂行されていたことは事実である。[180] 前にも述べたように、後白河は在位の時に続き、譲位後も朝廷の中心に存在していた。それでは、その内実はどうであろうか。

この時期の朝廷の特徴は、一つの合意が全体を支配していることにある。それは故鳥羽法皇の遺志を遵守するという合意である。鳥羽の遺志とは、二条が直系を担うということ、すなわち、将来の皇位継承は二条の子孫が担うということであった。これが合意として固まっていた。

前引の『今鏡』に注釈を付ければ、後白河が何事にも文字通り、「御心のままに」「わがままに」できたわけではない。皇位継承に関して、彼の「わがまま」は許されない情況にある。そのような制約を前提にして、「院政」という形が成り立っていた。

卑見は情況をこのように捉えるので、通説には疑問をもたざるをえない。普通には、後白河上皇と二条天皇の対立が生じ、二条の「親政」を望む派が「院政」に反発するようになった、と説かれている。[181] 二条側近の経宗・惟方が二条の「親政」を望んだのに対し、「院政」推進派の中心人物は信西であった、これが平治の乱の一つの要因になった、というものである。しかし、後白河「院政」と二条「親政」との対立と言うごとき図式は、実は平治の乱後の情況、すなわち、平治の乱の結果として生まれた情況に当てはまるのであって、平治の乱の原因とみなしうるものではない。乱前と乱後の情況は、それぞれ別個に捉えられねばならない。

問題の焦点は、信西という人物の位置付けにあろう。信西は元々鳥羽の側近であり、鳥羽から後事を託されていた。そして後白河の乳夫として、後白河の第一の側近になった。この経歴がそのまま彼の立場を語る、と理解できるのではなかろうか。

本節の冒頭に引いた『兵範記』の記事にあるごとく(182)、信西は後白河譲位・二条即位の実現に働いている。二条天皇にとって、信西は即位の功臣といえよう。これは後白河の皇統の成立でもあるから、後白河のためにも働いたことになる。要するに、彼は鳥羽の遺志の遵奉者である。この立場においては、後白河に仕えることと二条に仕えることとの間に矛盾は存在しない。あとは二条の子孫の皇位継承を見守ることになろう。信西にとって、「院政」派とか、「天皇親政」派とかの区別は無意味なのではなかろうか。

それは二条天皇の側にとっても同様である。後白河が鳥羽の遺志を遵守する態度を示している限り、後白河に対して反発する理由は何もない。その場合は、後白河が上皇として政務を取りしきることに何の異存もなかろう。経宗・惟方が後白河の側近として「院政」を担っていることに不思議はない。

総じて後白河の側近は、すべて鳥羽の側近からの横滑りである。彼らはすべて鳥羽の遺志の遵奉者である。つまり、後白河「院政」とはいっても、その内実は鳥羽「院政」の継続にほかならなかった。この枠組みが保たれている限り、後白河と二条の間に対立は生まれないであろう。

(8) 皇位継承問題のあり処

以上のごとく、皇位継承は鳥羽法皇の決めた通りに進んでゆくということであり、もはやその問題は解決し切っているかのようにみえる。しかし、はたしていかがであろうか。表面上はそのようであっても、実はそこに問題が胚胎するであろう。

天皇は往々にして、父(祖父)の決めた通りに事が進むことに反発するものである。鳥羽自身がそうであった。彼が崇徳を冷遇したのは、祖父白河が崇徳を直系に定めたからであった。天皇は後継者を自らの意思で選ぼうとする。それによって、天皇としての自らの権威を確立しようとするのである。後白河についても、この観点は必要であろう。

後白河は父鳥羽が定めた通りに、二条を直系として素直に認めていたのであろうか。後白河の数々の行状、すなわち、保元の乱で崇徳を葬り去り、平治の乱後に二条と対立し、さらに平清盛とも対立した、その激しさを見るとき、穏和に父の遺志を受け容れるイメージは何とも似つかわしくない。むしろ、後白河のような人物にこそ、父に対して反抗する姿が似合っているであろう。

しかしながら、文献上にその徴証を見出すことができるわけではない。無意味なことと言われるかもしれないが、あえて想像を廻《めぐ》らしてみよう。問題は、二条の即位によって、皇太子が空いたことにある。誰が次の皇太子に立つのであろうか。

勿論、朝廷には合意があった。二条の男子を皇太子に立てることが鳥羽の遺志であり、そのために鳥羽の皇女（姝《しゅ》子内親王）が二条に配されてもいた。しかしながら、その結婚から二年を経たにもかかわらず、まだ懐妊の徴候はない。他の妻にも子供は生まれていない。まだ合意がそのままに実現されてはいない状態にあった。

そこで一つの可能性が生まれよう。合意の柔軟な運用という方法である。二条の男子が皇位を継承するという合意を認めた上で、なおその間に別の者の即位があってもよいのではないか、という考え方がありえるであろう。ここに後白河がその意図を実現できる手懸かりが潜んでいるように思われる。二条に男子が誕生しない間がそのチャンスであろう。

それでは、後白河はどのような皇位継承の候補者を用意できたであろうか。当時、後白河には三人の男子がいた。長男は二条、次男は後の守覚法親王《しゅかくほっしんのう》、三男は後の以仁《もちひと》である。次男と三男は同腹で、母は藤原季成《すえなり》（公実の男子）の娘季子[183]（高倉三位局《さんみのつぼね》）であり、同母姉妹に殷富門院《いんぷもんいん》（亮子内親王）や式子内親王らがいる。閑院流が外戚であるとなれば、二条に引けは取らない。[184] 次男は一一五九（平治元）年に十歳、三男は九歳であった。

後白河の妻には中宮に忻子（公能の娘）、女御に琮子（公教の娘）がいた。どちらでも男子を産めば、有力な皇位継承者として公然と浮上したであろうが、ついに男子は生まれていない。したがって、二条以外に皇位継承候補者を挙げるとなれば、それは次男である。

この次男は、一一五六（保元元）年十一月、七歳で仁和寺の入道親王覚性に入室し、出家の道を歩んでいた。皇位継承には縁のない存在にされていたわけである。しかし、それで話が決まるかといえば、この場合は必ずしもそうではなかろう。まさに身近に二条の例がある。二条も入室して出家の道を歩みながら、一転、立太子したのであった。二条と同じことが、次男の身の上にも起こらないとは限らない。

結果をいえば、次男は平治の乱の二ヵ月後、一一六〇（永暦元）年二月十七日に出家を遂げている。(185)これによって、次男、すなわち、守覚の皇位継承資格は失われた。それにしても、平治の乱と守覚の出家との時間的関係はきわめて微妙であろう。守覚がこの二月に出家することは、おそらくかなり以前に決まっていたはずである。平治の乱は、まだ守覚の出家を止めることができるという、そのタイムリミットの時期に起きているのである。

この点に、卑見は無視しがたい問題性を感じる。たしかに守覚と皇位継承問題との絡みは憶測にすぎず、文献には表れない。しかし、これはそもそも文献に表れるはずのない話なのではなかろうか。

後白河が守覚の立太子を望んだとしても、彼はそれを誰に相談できるであろうか。守覚擁立案に理解を示してくれる者が、後白河の周囲にいるとは思われない。後白河はこの意図を、自分一人の心の中に密かに封じ籠める以外にないのではないか。

まずは信西が問題になろう。もしも信西が守覚擁立案を知れば、おそらく真っ先に反対するであろうという予想がつく。信西に漏らすことはできない。そのような信西は、後白河にとって鬱陶しく邪魔な存在といえるのではないか。

となると、その信西のライバルとして、信頼がにわかに登場することの意味が問われなければならない。なぜ突然に後白河は信頼を寵愛するようになったのか、一筋の糸が繋がるように思われる。後白河の鬱屈した衝動、すなわち、鳥羽法皇の遺志の遵守という合意に対する反感が、そこにみえてくるのではなかろうか。

二　九日事件の様相

一一五九（平治元）年十二月、いわゆる平治の乱が起こった。事件は十二月九日の第一次事件と、同月二十五日・二十六日の第二次事件よりなる。どのような事件であったのか、その全体的経過を『百練抄《ひゃくれんしょう》』と『愚管抄』に基づき、把握してみようと思う。(186)まず九日事件について検討しよう。

（一）三条烏丸殿の襲撃

十二月九日の夜、後白河上皇の住む三条烏丸殿が軍勢に囲まれ、出火炎上した。『百練抄』は次のように記す。

十二月九日。夜。右衛門督（藤原）信頼卿・前下野守（源）義朝等謀反す。上皇の三条烏丸御所に放火し、上皇・上西門院（統子）を一本御書所《いっぽんのごしょどころ》に移し奉る。(187)

事件は信頼、義朝等の「謀反」であり、彼らが院御所《いんのごしょ》に「放火」したのだという。『愚管抄』も信頼の「謀反」であるとし、この信西を信頼そねむ心いできて、（中略）義朝と一つ心になりて、はたと謀反をおこして、（中略）三条烏丸の内裏、院御所にてありけるに、信西、子どもぐして、つねに候けるを押こめて、皆うちころさんとしたくして、御所をまきて、火をかけてけり。(188)

と述べ、信西父子を殺害するために放火したのだと断じている。(189)

事件が藤原信頼や源義朝らによって起こされたことは間違いない。しかし、ここで使われている「謀反」の語には注意を要する。事実問題として、はたして信頼の「謀反」と捉えてよいのかどうか、事件の経過を踏まえて検討を加える必要がある。この点は後に論じたい。

九日事件の実情については、このとき三条烏丸殿に出仕していた俊憲（信西長男）の証言が『愚管抄』に書き留められている。

俊憲・貞憲《さだのり》ともに候けるはにげにけり。俊憲は、たゞやけ死んと思て、北のたい(対)の縁の下に入てありけるが、見まはしけるに逃ぬべくて、焔のたゞもゑにもゑけるに、はしりいでゝ、それもにげにけり。(190)

俊憲は「北のたい(対)の縁の下」にもぐりこんでいた。火事であれば、屋外に飛び出すのが普通であり、縁の下に逃げるのはおかしい。俊憲が縁の下にもぐりこんだのは、信頼方の襲撃から逃げるためであろう。(191) まず信頼方の襲撃があり、縁の下に隠れたところ、次に火災が起き、そのままでは焼死しそうになった。そこで周囲を見回してみると、襲撃者などの姿もなかったので、縁の下から飛び出し、三条烏丸殿から脱走した、という次第であろう。

俊憲だけではなく、貞憲ら、信西の男子は皆この場から逃走したようである。この俊憲の証言によれば、彼らが逃げることができたのは、火事に紛れたからであるらしい。『愚管抄』は、信頼方は襲撃作戦の一環として計画的に放火したと言うが、[192] それは実情にそぐわないのではないか。むしろ、火災のために襲撃は不首尾に終わったように見受けられる。

事実、『愚管抄』は次のように、出火によって信頼方が大忙しとなった様子を伝えている。

（前略）火をかけてけり。さて中門に御車をよせて、師仲《もろなか》源中納言同心の者にて、御車よせたりければ、院（後白河）と上西門院（統子内親王）と二所のせまいらせたりけるに、（中略）この御車には重成（源）・光基（源）・季実（源）などつきて、一本御書所へいれまいらせてけり。[193]

信頼方は後白河と上西門院を避難させるために、主だった武士を警護に付けねばならなかった。これによって三条烏丸殿は手薄になり、俊憲らの逃走が可能になったのであろう。とすれば、この火事ははたして信頼方による「放火」と決めてよいのかどうか、疑問を感じざるをえない。実際は失火であったのではないか、と想像してみたくもなろう。

そもそも、信西父子を襲うために放火は必要であろうか。なぜ信頼方は三条烏丸殿に放火しなければならないのか、釈然とした説明がつくようには思われない。

(2) 信西の自殺

肝心の信西は京外に逃亡した。『愚管抄』には、信西が事件の発生を「かざどりて(194)」、すなわち、事前に察知して逃亡したとある。

『百練抄』平治元年十二月十七日条には、

少納言入道信西の首、廷尉、川原に於て請け取り、大路を渡し、西獄の門前の樹に懸く。件《くだん》の信西、志加良木山に於て自害す。前出雲守光保《(源)みつやす》、尋ね出だす所なり。

とあり、信西は宇治田原から近江国信楽《しがらき》に越えた辺り(195)で自殺したようである。源光保が遺体を発見したのは十五日という(196)。その首級は十七日に京の大路を渡され(197)、西獄の門前に梟首《きょうしゅ》された。信西は謀反人として処断されたのである。

信西の逃亡と自殺について、『愚管抄』の語るところを聞こう。信西には西光《さいこう》(藤原師光《もろみつ》)(198)らが随行し、最期を見届けた。『愚管抄』にその西光の目撃談が伝えられている。

信西はかざどりて、左衛門尉師光(中略)をぐして、人にしらるまじき夫こしかきにかゝれて、大和国の田原と云方へ行て、穴をほりて、かきうづまれにけり。(中略)西光は、「たゞ唐へ渡らせ給へ。ぐしまいらせん」とぞ云ける。「出立ける時は本星命位にあり。いかにものがるまじ」とぞ云ける。(中略)さて信西はいみじくかくれぬと思ひける程に、猶夫こしかき人に語りて、光康《(光保)》と云武士これを聞つけて、義朝が方にて、求め出してまいらせんとて田原の方へ往けるを、師光は、大なる木のありける、上にのぼりて夜を明さんとしけるに、穴の内にて、あみだ仏たかく申す声はほのかに聞ゑたり。それにあやしき火どもの多くみゑければ、木よりおりて、「あやしき火こそみゑ候へ。御心しておはしませ」と、たかく穴のもとに云いれて、又木にのぼりてみける程に、武士どもせい〳〵と出きて、とかく見めぐりけるに、よくかきうづみたりと思けれど、穴口に板をふせなんどしたりける、見出してほり出たりければ、腰刀を持てありけるを、むな骨の上につよくつき立て死てあるけるを、ほり出して頸をとりて、いみじがほに以て参りて、わたしなんどしけり。(199)

信西は自ら土中の穴に埋まり、自殺を遂げたのであった。この事情を点検すると、まず、彼は事件の勃発に際し、自分が全く絶望的な情況に置かれていることを察知したようである。西光は「たゞ唐へ渡らせ給へ」と進言したというが、それは日本の国内には生きる場所がないと悟ったからであろう。しかし、信西は国外逃亡も、また、国内で反撃を図る途も択ばず、「いかにものがるまじ」と死を選択する。この西光と信西の遣り取りに、信西の窮状が語られていよう。何が信西をここまで追い詰めたのか。信頼のごとき一介の貴族のためであるとは思われない。より巨大なものが信西を追い詰めたのではなかろうか。

次に、信西の自殺の意味について考えよう。彼は逃亡の果てに逃げ切れなくなって自殺したのではない。今述べたように、彼は逃げることを目標にしてはいなかった。最初から自殺を覚悟しており、その死に場所を求めて「志加良木山」に到った。

そこに彼は穴を掘らせ、その穴に身を横たえた。その上に板を敷き、さらにその上に土を被せ、身を埋めた。その土中で、彼は「あみだ仏たかく申」したのである。これは浄土往生を願ってのことである。彼が胸に刀を突き刺して自殺したのは、西光から捜索隊が近づいたと聞かされた直後であるというから、十四日夜（もしくは十五日夜明け）であろう。それまでおそらく四日間ほども、念仏を唱え続けていたことになる。

信西は「いみじくかくれぬと思」ったとあり、彼の目標は、自分の死体が永久に発見されないことにあったとみなされる。この山中であれば見つかるはずはないと安心したのであろう。そこで彼はひたすら念仏を唱えつつ、臨終を迎えようとした。餓死に至るまで、その念仏は続くはずであった。

しかし、彼の隠れ場所は輿舁人夫《こしかきにんぷ》の口から露顕し、発見されることになる。捜索の手がのびたことを知り、やむをえず信西は刀を胸に刺して命を絶った。自殺の方法として、彼の望みは餓死であったろうが、とはいえ、刀剣で自殺することも浄土往生の作法の一つに認められていたと考えられる。(200) 彼は阿弥陀仏の名を最期の一念として高らかに唱えつつ、刀を我が身に突き刺したのであろう。

信西の狙いは永久に行方不明者となることにあった。彼の逃亡と自殺の目的はそこにあった。彼はなぜそのように行動したのであろうか。

(3) 信西の梟首

信西の意に反し、彼の死体は掘り出され、首を切断された。その首は、十七日に鴨河原で源光保から検非違使に渡され、京中を西獄まで運ばれ(大路渡し)、獄門前の樹上に晒されたのである。[201] 信西は、この梟首という刑罰を受けることを予知していたのではないか。つまり、彼はこの恥辱からのがれるために、我が身を隠そうとしたのではなかろうか。

梟首の刑に限らず、中世の合戦においては敵の首を獲ること(分捕《ぶんどり》)は戦功であり、盛んに行われたが、首を獲られる方にとってみれば、これにまさる恥辱はない。したがって、首を獲られる懸念を抱いた者は、自分の死体や首を埋めるなどして隠すとか、[202] 自分の顔を傷つけ、あるいは身体を焼いて、身許不明者にするなどして、その難をのがれようとしたのであり、かかる例は数多くみられる。信西も同様に理解できよう。

平治の乱の例では、二十五・六日事件の後、源義朝は梟首されたが、[203] 義朝とともに逃亡した源重成は、美濃国で自殺するも、[204] 死体が見つからなかったらしく、梟首されなかった。それについて『愚管抄』は、

この重成は後に死たる所を人にしられずとほめけり、[205]

と述べている。梟首の恥辱を避ける賢い死に方が大切とされていた。

梟首の刑は平将門《たいらのまさかど》にはじまり、平安時代を通して断続的にみられるが、一一〇八(天仁元)年に源

義親《よしちか》が梟首されて以後、この信西までの五十年間は実例をみないようである。(206) 保元の乱においても斬刑は二十人に及んだが、梟首の記録は一人もない。梟首が当たり前のように行われていたわけではない。なぜこのとき信西が梟首されたのか、むしろ異様の感があろう。

信西がもしも逃亡せず、京中で従順に捕縛されたとしたならば、はたして梟首されたかどうかは疑わしいように思われる。その場合は、流罪ですむか、あるいは死刑になったとしても梟首にはされないのではないか。しかし、信西は捕縛されること自体を拒否しようとした。その反抗の途を決めた時、信西は、自分は梟首されるに違いないと確信したのであろう。そこで彼は我が身体をこの世から消し去ることにしたのであろう。実際に、信西の予想は当たっていたのである。

信西が梟首という異様な刑を予想しえたのは、自分に危害を加えようとする敵の、自分に対する憎しみの深さを知っていたからであろう。しかも、その敵はそのような刑を実行できる力を持つ者である。その敵とは誰か。はたして信頼だけでよいのであろうか。信頼の信西に対する憎しみは十分に深いとしても、梟首の刑が彼の一存で実施されるものであろうか。

また、信西は、自分は死ぬ以外にないと早々に見極めたのであったが、この点にも疑問が生まれよう。もしも信頼のみが主敵であったならば、はたして信西はかくも諦めのよい態度をとったであろうか。

さらに、ここで基本的な点を確認しておきたい。梟首という刑を受けたのは信西である。すなわち、九日事件において、謀反の罪人として処罰されたのは信西であった。しかるに、『百練抄』にも『愚管抄』にも、信西は謀反人として処罰されたとは明記されていない。それどころか、前掲の『百練抄』十二月九日条の記事（本書一一七頁）には「信頼卿（中略）謀反す」とあり、はじめから信頼が謀反人とみられていたかのような記述になっている。これは九日事件の実情にそぐわず、違和感を覚えざるをえない。

これを素直にみれば、『百練抄』十二月九日条はこの当日に書かれた記事ではない、と解するのが妥当であろう。信頼が謀反人に定まった後に、すなわち、二十五・六日事件以後に書かれたものとみなされるべきである。強いて反信頼派の者が九日当日に書いたと無理に解する必要はない。同じく『愚管抄』の信頼謀反説も、二十五・六日事件後に生まれた認識の反映であるとみるべきであろう。

従来の通説は、『百練抄』十二月九日条をそのまま受容し、平治の乱の叙述を「信頼の謀反」から始めるのが常であった。この点を正し、事件の出発点において謀反人とされたのは信西であって信頼ではない、ということを明確にしたい。

(4) 後白河と二条の状況

如上の論に絡まるのは、後白河上皇・二条天皇と信頼との関係である。九日事件において、後白河と二条はどのような立場にあったのであろうか。その一つの側面として、二人の置かれた状況について検討したい。

というのは、『平治物語《へいじものがたり》』には信頼が後白河・二条を「押籠《おしこ》め」た、信頼はあたかも自分が天皇であるかのように振舞ったという記述があり[207]、これに拠って、信頼は後白河・二条を幽閉・監禁した、と説くのが通説になっているからである。もしもその通りならば、「信頼の謀反」と言われてもよかろうが、しかし、はたしてどうであろうか。そこで『愚管抄』をみると、次のように記されている。

さて信頼はかくしちらして、大内《おおうち》に行幸なして、二条院、当今《とうぎん》にておはしますを、とりまいらせて、世をおこなひて、院を御書所と云所にするゐまいらせて、すでに除目《じもく》行ひて、義朝は四位して播磨守になりて、子の頼朝《よりとも》十三なりける、右兵衛佐になしなどしてありけるなり[208]。

まず、『愚管抄』は、信頼が二条天皇を他所から大内《おおうち》(大内裏の中の内裏)に移したかのように述べているが、これは誤解である。二条は践祚以来二十五・六日事件まで、ときに短期間の移動はあったが、一貫して大内を皇居としていた。つまり、九日事件によって皇居が変わったわけではない。

また、後白河の移った「御書所」は、前出の「一本御書所」を指すとみてよい。一本御書所は大内裏の中にあり、内裏の東隣に位置した。

『愚管抄』は、信頼は二条を「とりまいらせて、世をおこなひ」、後白河を「するゐまいらせて」除目を行った、と言うのであるが、この言葉によれば、二人の状況にはかなり大きな違いがあるように読み取れる。「とりまいらせ」たといえば、二条を掌中に握った、自分の管理下に置いた、という意味にも解されよう。一方、「するまいらせ」たというのは、単に後白河をそこに移したというだけの意味であり、必ずしも後白河に何かの制約を加えたということではない。

「とりまいらせ」の語は「押籠め」と似通った意味にもなろうから、『愚管抄』の記事は、一見、『平治物語』と同じ趣旨のようにみえなくもない。しかし、『平治物語』によって『愚管抄』を解釈するのではなく、『愚管抄』の叙述そのものをありのままに解釈しなければならない。『愚管抄』は後白河を「とりまいらせ」たとは述べていない。この点をさらに確かめてみよう。

後白河の置かれた状況について、具体的な記述が『愚管抄』にある。二十五・六日事件の起きたその二十五日の夜、反信頼派に加わった藤原惟方《これかた》は、後白河に事件を予告するために一本御書所に赴いた。『愚管抄』にその様子が次のように語られている。

夜に入て、惟方は院の御書所に参りて、小男にて有けるが、直衣《のうし》にくゝりあげて、ふと参りて、そゝやき申て出にけり。車は又その御料《ごりよう》にもまうけたりければ、院の御方の事はさた（沙汰）する人もなく、見あやむ（怪）人もなかりければ、覚束《おぼつか》なからず。(209)

惟方は自由に一本御書所を出入りした。また、後白河は惟方から事件を告げられた後、彼専用（「御料」）の車を使って一本御書所から出たのであった。後白河も出入りは自由であり、「沙汰する人もなく、見怪む人もな」いという状態なのである。この記述はおそらく惟方の回顧談に基づくものであり、十分に信用できるように思われる。

後白河は決して幽閉・監禁などされてはいない。ここには信頼の「謀反」などの形跡はみられない。それでは、なぜ二条についてては「とりまいらせ」と記されているのであろうか。後白河は自由にされたが、二条だけは監禁状態に置かれた、と解釈しなければならないのであろうか。それはあまりに不自然であろう。後白河の自由が明瞭であるからには、二条もまた普通の状況にいたはずではなかろうか。

そこで「とりまいらせ」の解釈であるが、次のように考えたい。それは『愚管抄』の二十五・六日事件の叙述に照応させてみれば、合点がゆくように思われる。『愚管抄』が二十五・六日事件について、その要として強調するのは、二条が大内から脱出した場面である。『愚管抄』はその脱出劇の模様を実に詳細に語っている。それに較べれば、後白河の動向は影が薄い。つまり、慈円の脳裏には、脱出劇の重大さが強く意識されたあまり、二条はそれまで信頼の監禁下に置かれていたに違いないという想像が生まれたのではなかろうか。それがこの「とりまいらせ」の語に表れたのではないかと考える。

二条の脱出劇が実際にはどのようなものであったかは、二十五・六日事件についての次節で紹介したい。その『愚管抄』の内容を先取りしていえば、二条が信頼方によって監禁されていた様子はなく、二条の生活は天皇として普通の状態にあったとみることができる。「とりまいらせ」の語には実態がなく、それにふさわしい事実を『愚管抄』が示しているわけではない。

以上のごとく、信頼が後白河と二条を監禁状態に置いたとする説はきわめて疑問である。『愚管抄』に従えば、後白河も二条もごく普通の状況にあったとみるべきであろう。「信頼の謀反」なる感触はますます希薄にならざるをえない。

また、先の引用文にある除目も、単なる九日事件の論功行賞に過ぎず、特別のことではない。信頼自身の叙位任官もなかった。(210)「世をおこなひて」(朝廷を取り仕切った)というような抽象的表現は、往々にして実態を伴わないこともあることに注意しなければならない。

(5) 俊憲らの流罪

ところで、俊憲ら、信西男子のその後に目を向けると、彼らはそろって流罪になった。(211) 父の縁坐である。彼らは事件の翌日、十二月十日に解官され、二十二日に配流が決定される。さらに、その流罪が実行されたのは、翌年(永暦元年)正月であり、その翌二月には赦免された。『公卿補任』平治元年条俊憲項の尻付に次のようにある。(212)

十二月十日、解官。同廿二日、越後国に配流す。同卅日、出家。同二年正月、越後国を改め、阿波国に配流す。二月日、召し返す。

俊憲の場合、配流先が越後国から阿波国に改められている。ここで注目しなければならないのは、流罪が翌年正月に実行されたという点である。というのは、その前の十二月末に二十五・六日事件が起き、信頼が謀反人として処刑されたからである。もし信頼が信西男子を流罪に処した張本人であるならば、彼が逆転して罪人の身になったからには、信西男子の流罪はもはや取り消されるのが当然ではなかろうか。しかし、実際はそのようにならなかった。

つまり、十二月二十二日の流罪の決定は、その直後の異変（二十五・六日事件）にもかかわらず、朝廷の正式の決定として、なおも生き続けたのであった。これは非常に興味深い事実である。信頼が謀反人に定まった後に、信西がなお依然として謀反人であるということは何を意味するか。それは一体誰が信西に謀反の罪科をかけたのか、という問題である。その人物が九日事件の真の主役であろう。信頼はここでは消去されてよい。となれば、そこに思い浮かぶのは、高位にある一人の人物ではなかろうか。

(6) 後白河と二条の関係

ここで『平治物語』陽明文庫《ようめいぶんこ》本に触れておく必要があろう。陽明文庫本は信西の梟首について、次のように二条天皇の命令によるものであったとする。

同十四日、出雲守光保（源）、内裏にまいりて、「少納言入道（信西）が行方をたづねいだしてこそ候へ」と申ければ、やがて「首をきれ」とおほせられて、承てまかり帰りにけり。(213)

陽明文庫本は、後白河・信西に対して信頼が「謀反」を起こし(214)、二条と信頼は連携したという構想である。それによれば、二条は信西を梟首に処したことの延長として、俊憲らの流罪も実行したことになろう。それは二条にとって、信頼に強制されたことではなく、自発的意志によるものであったということでなければ、俊憲らの流罪の実行にはなりえない。もしもこの通りであるならば、後白河と二条とは露わに対立したことになる。

この陽明文庫本の記事そのものの真偽は確かめようもなかろう。光保は早くも半年後（永暦元年六月）に謀反の罪により流罪となり、[215]殺されたらしいので、[216]光保がこの記事の基となるような証言を残していた可能性は乏しい。さりとて、これを直接否定する史料も見つかりそうにない。要するに、陽明文庫本の構想を是認するか否かは、それが全体的情況を説得的に説明できるのかどうかによって判断する以外になかろう。

通説は陽明文庫本の構想に肯定的であり、二条側近の経宗・惟方は後白河・信西に反発して信頼に味方した、と説かれている。[217]その根拠は『愚管抄』に、

この二人《（経宗・惟方）》、主上《（二条）》にはつきまいらせて、信頼同心のよしにてありけるも、[218]

とあることにあるが、『愚管抄』は九日事件における経宗・惟方の具体的行動については何も語っていない、という点に注意しなければならない。この「同心」は単なる支持の意味に理解することもできよう。

経宗・惟方は九日事件の当時、まだ後白河の側近でもあった。彼らが信頼に「同心」した理由を、

後白河側近としての立場から考えることもできるはずである。[219]問題の焦点は、後白河と二条の関係をいかに捉えるか、そこに定まるであろう。

そこで『愚管抄』を取り上げたい。『愚管抄』の構想は陽明文庫本と異なっており、両者は両立し難いからである。『愚管抄』の構想がつねに正確であるとは限らないが、しかし、『平治物語』よりははるかに信用に耐えうるものであることは、如上の叙述にも明らかであろう。『愚管抄』の構想の基本は、次の一文に語られている。

さて、この平治元年(一一五九年)より応保二年(一一六二年)まで、三・四年が程は、院(後白河)・内(二条)、申し合《あわせ》つゝ、同じ御心にていみじくありける程に、[220]

これは後年、後白河と二条の確執が始まったときの、その語り出しの文である。二人の確執は実際には一一六一(応保元)年に表面化する点、この文に応保二年から始まるかのように言うのは問題もあるが、ともかくも、この文における年数の数え方としては、平治元年の一年間は「三・四年が程」の中に含まれるとみなしてよいであろう。二条は平治元年の前年の八月に受禅《じゅぜん》し、その十二月に即位した。したがって、この文に「平治元年より」と言うのは、実質的に二条の即位以来と言うに等しい。つまり、後白河と二条の関係は、二条の即位以来、三、四年間は一貫して良好であったというのである。勿論、平治の乱はこの期間内に含まれる。

『愚管抄』はかかる認識を基調にして、平治の乱を叙述している。後白河と二条の間に分裂・対立があるとは認めていない。ただし、『愚管抄』にはこの見方を一面化しすぎる欠陥があり、二十五・六日事件以後の情況については修正を加える必要がある。[221] しかし、大局的な捉え方として、応保元年を境に後白河と二条が深刻な対立関係に入ったとみなし、それに対比して、それまでは外面的には両者の協調姿勢が保たれていた、と言い直すならば、『愚管抄』の構想は基本的に妥当性があると認められよう。平治の乱に関する結論を先取りしたような論になってしまうが、たしかに、二つの時期の質的な違いは明白であるといえよう。

九日事件の発生時点において、後白河と二条が対立関係を露わにしたとみるのか、それとも協調関係の外観を保っていたとみるのか。卑見は、後者の『愚管抄』説を是とし、前者の『平治物語』陽明文庫本説を非とみなしたい。後白河と二条が露わに対立し、二条と信頼が連携する、というような情況はなかったと考える。それは平治の乱発生以前の情況を、前節に述べたごとくに理解するからである。

(7) 九日事件の結論

九日事件は後白河と二条が協調姿勢をみせている中で起きたとなれば、この事件は信頼の謀反とはいえないことになる。なぜならば、信頼の謀反であれば、それは後白河と二条の両者に対する謀反ということになるが、その場合、信西男子の流罪が実行されたことの説明がつかなくなるからである。

そもそも、信頼の後白河に対する謀反という設定は無理が多い。後白河の寵愛のみを頼りとした男が、後白河に叛いて何ができるのか。そのような男がなぜ多数の支援を受けるのか。なぜ二条がそのような男と連携するのか。そのとき、なぜ信頼が主役になり、二条の外戚で地位も年齢も上の経宗(222)が脇役に甘んじることになるのか。数々の疑問が次々に生まれる。その解決を図ろうとすれば、最後は、源義朝の武力による軍事的制圧という、まさに非現実的な議論に行き着くことになろう。

いずれにしても信頼謀反説は事実に合わない。上述したごとく、謀反人とされたのは信西であった、という事実に立ち返ろう。そして、これも上述したごとく、事件のいろいろな局面において、『愚管抄』に、後白河と信頼とに対立がないことを窺わせるような叙述があるのを見た。三条烏丸殿の火災は実際は失火ではないか、あるいは、事件後に後白河や二条は上皇・天皇としての普通の生活を続けていたのではないか、ということなどである。ここに浮かび上がるのは、信西と後白河・信頼との対立という図式である。

信西は自分の敵が後白河であることを悟っていたとみられよう。それゆえに、信西は自分の前途を即時に諦め、死を択んだのであろう。後白河こそが、信西を謀反人として梟首という異様な刑に処し、その男子の流罪まで実行したのではないか。これが九日事件の実相ではなかろうか。

この見方に立てば、事件の細部についても分かりやすくなる点がある。たとえば、この事件の一つの特徴は、信西が全く孤立していることにある。処罰されたのは信西父子のみであり、信西の従者以外に信西と行動を共にした者は誰もいない。もし信西と信頼の二人が主役の事件であるならば、信西にも同調者が出て当然であろう。一方、信頼派の貴族としては、経宗、師仲、惟方、成親らの名が見えるが、彼らはいずれも後白河の側近である。後白河の意思により信西が討たれたのであれば、側近らが皆信頼に付き、信西が全く孤立したのは当然といえよう。

さらに、今述べた点にこそ、この事件の最も基本的な特徴が認められよう。すなわち、この事件に登場する貴族は、すべて後白河の側近ばかりである。これは後白河とその側近だけの、狭く限られた人間関係の中の事件であった。後白河が信西という一人の側近を抹殺したというだけの、小さな事件なのである。

ところで、それではなぜ信西は謀反人とされたのであろうか。文献上にその明証は欠けるが、しかし、前節に述べたごとく、後白河に信西を抹殺しようとする動機がありえるのではないか、と推測することは可能である。卑見は皇位継承問題を想定してみた。卑見の想像が当たっているかどうか、その確証は得られないが、事件が十二月に起きたという点が私には魅力的である。守覚の出家を阻止するには、そのころがタイム・リミットになっているからである。

最後に残る疑問は、後白河の意思により信西が討たれたのであれば、なぜそのことが文献上に全く語られていないのか、という問題である。本節の冒頭に戻れば、『百練抄』も『愚管抄』も、九日事件については信頼の「謀反」と記しており、『愚管抄』の構想は信頼謀反説で一貫している。『平治物語』のみならず『愚管抄』においても、後白河は被害者の立場に置かれている。なぜそのような見方が生まれ、支配的になったのか。

一つ言えるのは、少なくともこれは二十五・六日事件の結果の反映であるということであろう。二十五・六日事件によって信頼は謀反人となり、さらにその後、信西の名誉回復がなされた。[223] ここから反転し、九日事件も含めて、信頼にすべての責任を被せる見方が生まれたのであろう。それにしても、なぜに後白河に対する信頼の「謀反」という事件像が作られたのか、その具体的経過については不明とせざるをえない。

九日事件と二十五・六日事件とは区別されなければならないが、『愚管抄』にはその区別の意識が乏しい。両事件を同質的に捉え、二十五・六日事件を見る眼と同じ眼で、九日事件を叙述しており、そのため九日事件の叙述は不整合なものとなった。しかしながら、『愚管抄』の価値はまことに高い。『愚管抄』には今述べたような欠点もあるが、他方、事件当事者の証言がいくつも収録されており、これが九日事件を解明するうえで、特に貴重な材料となった。また、情況の把握においても優れたところがある。平治の乱は、『平治物語』ではなく、『愚管抄』によって分析されなければならない。『愚管抄』の優越性を確認したうえで、次に、二十五・六日事件の検討に進もう。

三　二十五・二十六日事件の様相

『愚管抄』は、二十五・六日事件をまことに冴え渡った筆致で叙述している。しかるに、どういう訳か、二十五・六日事件の分析においては――というよりも、平治の乱全体がそうなのであるが――従来、『愚管抄』が最大級に尊重されていたとは言い難い。以下に『愚管抄』を祖述して、二十五・六日事件の実相を探ってみよう。

(一)　藤原公教の謀議

九日事件がそのまま収束してしまえば、平治の乱なる命名もなされなかったであろう。後白河や信頼にとって、事件はこれで終わるはずのものであったに違いない。しかし、程なく、後白河や信頼のまったく予期しなかったところで、密かに一つの動きが始まった。その策動の中心にいた人物は、内大臣藤原公教《きんのり》である。『愚管抄』は二十五・六日事件の始まりを、次のように語る。

大方世の中には、三条内大臣公教、その後の八条太政大臣《(藤原実行)》以下、さもある人々、「世はかくてはいかゞせんぞ。信頼・義朝・師仲等が中に、まことしく世をおこなふべき人なし。」主上二条院の外舅にて大納言経宗、ことに鳥羽院もつけまいらせられたりける惟方、検非違使別当にてありける、この二人、主上にはつきまいらせて、信頼同心のよしにてありけるも、そゝやきつゝやきつゝ、「清盛《（平）》朝臣ことなくいりて、六波羅《ろくはら》の家に有ける」と、とかく議定して、六波羅へ行幸をなさんと議しかためたりけり。[224]

「世」の語は朝廷社会を意味している。その朝廷の「さもある人々」、すなわち、主だった公卿らが、反信頼の行動に起ったのである。[225] ここには公教と実行《さねゆき》（前太政大臣）の名が挙げられているが、実行は公教の父で八十歳の高齢であり、実質的に公教が主導的立場にいたとみなされる。当時、朝廷の首脳は、太政大臣藤原宗輔《むねすけ》が八十三歳、左大臣藤原伊通《これみち》が六十七歳、大納言藤原宗能《むねよし》が七十六歳といずれも高齢であり、五十七歳の公教が朝廷の運営の実質を担っていたとみてもおかしくはない。ただし、この謀議には摂関家の忠通・基実父子は加えられなかった。それは『愚管抄』の後の叙述で明らかになるが、摂関家が排除されたことを念頭に置いておきたい。

公教らの公卿は、九日事件の結果に危機感をもったという。彼らの信頼らに対する不信の念を裏返してみれば、信西に対しては、「まことしく世をおこなふべき人」という評価が与えられていたことになろう。信西が後白河の側近であるということに、彼らは安心感を抱いていたらしい。その理由は、信西の人物、識見など、いろいろあるのであろうが、前述したごとく、信西は故鳥羽法皇の遺志の遵奉者であったと捉えることによって、これらの情況の全体が理解しやすくなるのではなかろうか。その信西が抹殺されたとなれば、鳥羽の敷いた路線はどのようになるのか、それが問題にならざるをえない。

おそらく、公教はここにきな臭さを嗅ぎ取ったのであろう。公教はまさしく鳥羽の側近として、後白河・二条父子の擁立決定の場にも参画した(226)。その鳥羽の遺した皇位継承方針の前途に危ういものがみえるとなれば、公教としては座視しえないことになろう。公教が自ら謀略の舞台に登場したのは、このような危機感をもったからではなかろうか。

公教を中心とする謀議は、二点の戦略を立てた。一つは二条天皇の担ぎ出しであり、もう一つは平清盛の登用であった。

(2) 二条天皇の担ぎ出し

公教の戦略の一点目は、二条天皇を担ぐことにあった。二条の側近である経宗と惟方は、はじめ信頼に同調していたが、公教はこの二人を説得して(「そゝやきつゝやきつゝ」)、信頼打倒の謀議に参加させることに成功したという。この二人を味方にしたということは、二条自身の同意も得られたことを意味している。

まず基本点として、公教が担いだのは二条であって、後白河ではない、ということを確認しなければばならない。これは全体情況を理解するための重要な判断材料である。もしも後白河と信頼が対立状態にあるならば、信頼を打倒するためには、公教は後白河と手を握ろうとするのが当然であろう。公教が後白河との連携を試みようとしないということは、後白河と信頼とが協調関係にあることを証するものであろう。九日事件についての卑見が裏付けられるように思われる。

そのような理解に立てば、問題の焦点は後白河との関係に絞られよう。公教の謀議の本質は、後白河に対して矛先を向けたものであるとみなければならない。しかし、公教らは、後白河本人とあからさまに真正面から対決するようなことはしなかった。そのような愚行を避け、後白河との摩擦を最小限に留めて、解決を図ろうとしたのであろう。後白河自身には触れなくとも、後白河の周囲を粛清してしまえば、後白河の動きを封じることができるのである。よって、公教は、後白河の側近の頭目にのし上がった信頼の打倒に目標を定めた。

このように本質は後白河との闘いである。この企てが成功するためには、後白河の意志に対抗しうるだけの強力な別人の意志が支えになければならない。その役割をはたしうるのは二条のみである。勿論、鳥羽の遺志により直系を担うはずの二条にとっても、九日事件が彼自身の地位を脅かすものであるとなれば、これは二条が自ら起たねばならない問題である。二条を担ぎ出すことが、公教の戦略の要になった。

当時、後白河も二条も大内裏の中に居住していた。二条は内裏、後白河はその東隣の一本御書所である。空間的にも、二条は父後白河の支配下にあるような形であった。この形を変え、二条と後白河を引き離さなければ、二条が後白河の支配から脱して自立することはできない。

二条と後白河を引き離すには、二通りの方法があろう。一つは、後白河を大内裏から追い出し、大内裏を二条・公教派で固める、というやり方であり、もう一つは、二条の方が大内裏を脱け出る、という方法である。前者は後白河と直接に対決することになるが、公教はそのような強硬策は採らず、後者の策を採用した。後白河との摩擦をできるだけ避けようとする方針は一貫している。二条脱出策は後白河・信頼の意表を衝いた。

（3）清盛の登用

二条は大内裏を脱出してどこに行くか。公教はその行き先に平清盛の六波羅邸を選んだ。清盛の動向について点検しよう。

『愚管抄』に「清盛朝臣ことなくいりて」とあるのは、清盛が無事に京に帰った、という意味である。この間、清盛は熊野参詣の旅にあった。『愚管抄』によれば、紀伊国田辺《たなべ》の近くの二川宿《ふたがわのしゆく》で九日事件の報を聞き、京には早くも十七日に帰着したという。(227) 事件の勃発を知った後、きわめて迅速な行動をとったとみられる。

『愚管抄』は、清盛が事件を知った当初、かなりの動揺をみせたという話を記している。第一報で詳細な内容を知るのは難しいことであり、最初は誤解も生まれ、不安や動揺が広がるのも当然であろう。しかし、おそらく、続報によって清盛は情況を正確に把握し、帰京を急ぐことにしたのではなかろうか[228]。

帰京後の清盛の動向について、『愚管抄』は清盛と信頼との間にしばらく接触がなかったかのように述べているが[229]、これは誤解である。『古事談』は次のような話を伝えている。

平治合戦の時、六波羅入道(清盛)、南山(熊野)より帰洛の翌日、聟の侍従信親《のぶちか》(信頼卿の息)を父の許に送り遣はす[230]。

清盛は信頼の男子の信親を婿にしており[231]、清盛と信頼は親しい関係にあった。清盛は帰京の翌日(十八日)、早速にこの信親を父の信頼に面会させ、信頼への挨拶を済ませたのである。これは信頼に対して支持を表明したものとみなされよう[232]。

清盛にはそのようにしなければならない事情があった。彼は信西の男子の成憲《しげのり》(成範)を婿にしていたからである[233]。清盛は信西と信頼との両方と婚姻関係を結んでいたのであり、九日事件によって、信西と信頼のどちらを択ぶのか、去就を迫られたことになる。そこで、清盛は急ぎ帰京し、信頼との友好を確かめた。おそらく、成憲との絶縁を信頼に伝えたであろう[234]。

ところが、その後、事態は一転し、公教はこの清盛を味方に引き入れることに成功した。それによって、「六波羅へ行幸をなさん」[235]という方針が固まる。公教が清盛に対する工作をどのように進めたのか、肝心の点はよく分からない。また、清盛がなぜ公教に加担しようと決意したのか、その理由や彼の情況判断について知りうるような材料も見当たらない。後白河に対する反逆になるのであるから、迷いはあったはずであろう。やはり、源義朝《よしとも》に対する反発が勝ったのであろうか。

（4）清盛と義朝の関係

武士についてみると、この時点においては、清盛と義朝の二人が抜きん出た存在になっていた。保元の乱において武力の中心を担った武士は、清盛と義朝と源義康《よしやす》の三人であったが、この中、義康は一一五七（保元二）年に死去している。(236) 他に清盛・義朝と肩を並べそうな武士は見当たらない。

公教の立場で策を考えると、後白河・信頼を孤立させるためには、義朝と清盛の両方を味方に引き入れるのが最も効果的である。しかし、その実現は難しいと公教は判断したのであろう。九日事件後の情況において、この二人が共同して公教に加担するのは確かに無理な話であろう。

ただし、ここで九日事件における清盛の立場、清盛と義朝の関係について、『愚管抄』の見解を批判しておく必要がある。『愚管抄』の語る情報・見解にはまことに有益なものが多いのであるが、中には誤りもあることに注意しなければならない。特に清盛と義朝の関係の捉え方は、基本的構想にも関わるだけに重要である。

『愚管抄』は、清盛と義朝の対立関係が平治の乱の主因の一つになったと捉えている。まず、「義朝・清盛、源氏・平氏にて候ける」というように、これを源平の対立に置き換える。この対立の上に、さらに義朝が信西に恨みを抱くようになった事情があると説く。それは信西が男子を清盛の婿にしたのに対して、義朝の婿にする縁談は断った、という話であり、これによって信西と清盛が結び、対して、信頼と義朝が結び、その対立により九日事件が起きた、という構図を『愚管抄』は提示している。(237)

この『愚管抄』の構想については、一つに一一八〇年代内乱(治承・寿永の乱)の影響を指摘できるであろう。その源平戦争の印象が、遡って平治の乱に投影されている。慈円には、源平対決の宿命が乱を起こしたかのような思い込みがあったのではないか。

それが事実の調査を鈍らせたように思われる。もし慈円が、清盛と信頼とは縁戚関係にあったこと、清盛は帰京の翌日に信頼に連絡をとったことなどの事実を知ることができたならば、『愚管抄』の叙述は別のものになっていたであろう。『愚管抄』は、義朝と清盛はすでに九日事件において敵対関係にあったとみて、たとえば、次のように述べている。

(清盛は)やがて十二月十七日に京へ入にけり。すべからく義朝はうつべかりけるを、東国の勢などもいまだつかざりければにや、これをばともかくもさたせでありける程に、(238)

慈円は、なぜ義朝が清盛を帰京途中に襲撃しなかったのか、不思議でならないようである。義朝方の軍勢が少なかったかという推測は、すでに九日事件を起こし、しかも八日も経っていることを考えれば、説得力に欠けよう。義朝と清盛はこのときまだ敵対してはいなかったと理解したならば、慈円はこのような疑問に悩まなかったであろう。

九日事件における謀反人は、信西一人のみであった。誰が謀反人かを決めるのは後白河であり、義朝ではない。謀反人とはされていない清盛を義朝が襲撃できるはずはない。清盛はこのとき信頼派になっていた。

清盛は九日事件について無関係の立場にいた、とみるのが正しいと思われる。(239) 後白河・信頼が清盛をそのような立場に置いたことになる。彼らが武力として義朝を用い、清盛を用いなかった理由は、確かに信西と縁戚関係をもつか、もたないかの違いにあるといえるであろう。しかし、それは信西と縁戚関係をもつ者を敵視するということではない。そのような者に対しては、信西との絶縁を求めるということであり、清盛もそれに応じたことによって、彼の地位に変動は起きなかった。

しかしながら、一方では、九日事件以後、義朝の地位がめだって上昇するという変化が表れた。義朝は四位に叙され、播磨守に任じられて、清盛と並ぶ地位に一挙に近づいたのである。院近臣《いんのきんしん》といえる立場になったといえよう。(240) 清盛はこの情況に不満を抱いたはずである。二人の敵対関係が現実化する原因はここにあると考えられる。

九日事件の果実を手にした義朝が、九日事件の路線から降りるはずはない。公教が義朝に期待をかけないのは当然である。義朝が信頼から離れないとなれば、公教の側にも義朝の武力に対抗する武力が必要となるが、それは清盛を措いて他にない。清盛としては、今のこの機会に義朝を粉砕すべく、公教の謀議に命運をかけたということであろう。

（5）二条の内裏脱出

公教の企ては、清盛の参加によって態勢が整った。二条を内裏から脱出させ、清盛の六波羅邸に迎えるという策謀は、十二月二十五日の夜に決行された。『百練抄』は次のように記す。

廿五日。夜。主上（二条）・中宮（姝子）、偸に清盛朝臣の六波羅亭に出御《しゅつぎょ》す。上皇（後白河）、仁和寺に渡御す。(241)

『愚管抄』にはこの脱出劇が詳細に語られている。(242)その計画を練り、実行したのは、清盛と藤原尹《ただ》明《あきら》なる非蔵人《ひくろうど》の二人であった。尹明は惟方の妻の兄弟という縁で登用されたという。(243)清盛は内裏の外、尹明は内裏の内と、役割を分担した。さらに伊予内侍(244)と少輔内侍という二人の女官も、尹明の協力者となった。

清盛は次のような計画を立てた。(245)まず、二条天皇の脱出用に女房車（牛車）を用意する。牛飼《うしかい》のみを付けて、供の者は付けない。これを怪しまれないように、昼間から置いておく。(246)次に、夜更けになって、大内裏の東南辺（二条大宮）の街で火事を起こす。武士らはその火事場に集まり、大内裏の警備が手薄になるであろうから、その隙に用意しておいた牛車に天皇を乗せ、内裏を出て六波羅に向かう。――このような計画を清盛は尹明に説明し、二人は綿密に打ち合わせた。

二十五日の夜、尹明は筵《むしろ》を二枚用意し、筵道を作った。これは天皇が歩み、また、神器《じんぎ》の剣・璽《じ》を運ぶためのものである。前に進むごとに、後ろの筵を前に回して敷く、ということを繰り返し、二条と神器を牛車まで導いたという(247)。

まず、二人の内侍が神器の剣・璽を持ち、これを牛車の中に運び入れた。そうして待っていると、かねての計画通りに火事騒ぎが起きたので、二条を牛車に乗せ、内裏から出した。『愚管抄』はその様子を、「さりげなしにて、やり出してけり」と述べている。脱出劇は何の支障もなく、きわめて順調に成功を収めた。二条は午前二時ごろに六波羅に到着したという(248)。

内裏近辺の火事であったので、信頼は蔵人に命じ、鎮火の報告を奏上させた。蔵人は内侍にこれを伝え、二条への奏上を託したが、異変に気づくことはなかった。二人の内侍もここで内裏から退出した。

尹明はこの後、最後の仕上げに取り掛かる。彼は、玄象《げんじよう》（琵琶）、鈴鹿《すずか》（和琴）、笛、大刀契《だいとけい》、昼御座《ひのおまし》の太刀《たち》、殿上の倚子《いす》などを集め、これらを長櫃に入れ、内裏から運び出した。これらは天皇が代々受け継ぎ、天皇の身辺に備えなくてはならないとされていた物である。尹明がこの長櫃を運んで六波羅に着いた時、もう夜は明け始めていた。

尹明はこれだけの仕事を、誰にも怪しまれることなく、一人でやり遂げたのである(249)。深夜の内裏は意外なほど無人であるらしく、警備も厳しくはないらしい。これは内裏の平常の状態なのであろう。このことは九日事件の捉え方に大きな示唆を与えるものである。信頼が二条を監禁したとか、内裏を厳しい監視下に置いたとか、そのようなことはおよそ考えにくい。前述のごとく、九日事件について

の卑見の一つの根拠は、内裏がこのように平常そのものの状態にあったとみられることにある。(250)

（6）後白河との駆け引き

この二条の脱出劇が始まったころ、公教方は後白河に対しても、注目すべき行動に出た。本書一二七頁に引用した『愚管抄』の記事を再読しよう。公教方となった惟方が後白河を訪れた場面である。「夜に入て」という言い方は曖昧であり、二条が内裏から出る前か後か明瞭ではないが、普通には脱出後とみるべきであろう。惟方は二条の脱出を後白河に通告したのである。「そゝやき申て」とのみあるが、二条の脱出を伝えたとみなして間違いなかろう。

わざわざ後白河にこれを伝えたのはなぜか。後白河がすぐにこの情報を信頼に伝え、後白河・信頼方が急遽、反撃に出る危険性も確かにありえる。しかし、公教方はそのようにはならないと読んだのであろう。後白河に早くこの情報を知らせれば、後白河が信頼を見限る可能性の方が高いと踏んだのであろう。それに懸けて、後白河がどのような態度をとるのか、その判断を後白河自身に委ねたのである。

後白河には三つの途があったと考えられる。一つは信頼と結束すること、二つに公教方と連携すること、そして三つ目は両者から離れて、中立の立場に身を置くことである。一つ目を選べば、信頼とともに大内裏に立て籠もることになろう。二つ目であれば、六波羅に行くことになろう。しかし、後白河はそのいずれも選ばなかった。彼が選択したのは第三の途、すなわち、中立の立場である。彼はこの夜、一本御書所を出て、仁和寺に赴いた。(251)

仁和寺御室には後白河の同母弟の入道覚性親王がおり、かつて崇徳上皇もここに逃げ込んだごとく、後白河にとってもここが避難所になった。しかも、仁和寺は西北の京外にあり、東南の京外にある六波羅とは対極の位置にある。中立の立場を示すのにふさわしい場所といえよう。大内裏から二条は六波羅へ、後白河は仁和寺へと、二人は正反対の方向に離れた。

この後白河の行動をみれば、九日事件における彼の立場が鮮明になろう。もしも後白河と信頼が対立関係にあるならば、後白河はこのとき躊躇なく、六波羅に赴いたはずである。彼が六波羅に行かなかったということは、彼が公教方と容易には和合し難い立場にあったことを示していると解するのが妥当であろう。つまり、後白河と信頼とが親睦関係にあったのでなければ、この後白河の行動は説明できない。

公教方は後白河との摩擦をできる限り回避しようとしたのであろう。もしも後白河が事件の発生を信頼から聞くことになれば、後白河と信頼はその場で結束する可能性が高い。そうなっては、事はきわめて面倒になる。したがって、後白河を信頼から引き離すためには、公教方から早めに知らせる必要があった。それは後白河に対する信頼の念、すなわち、後白河に敵対するものではないという態度を表すことにもなろう。公教方としては、後白河には中立の立場になってもらえるならば、それで十分といえる。この公教方の目論見は当たった。信頼は完全に孤立した。

（7）二条・公教方の結集

二条を六波羅に迎え、後白河は仁和寺に去り、首尾よく第一段階は越えた[252]。次いで、『愚管抄』に、

その夜中には、京中に、「行幸六波羅へなり候ぬるぞ〳〵」との〻しらせけり[253]。

とあるように、公教方は公然と二条の内裏脱出を貴族に触れ回り、六波羅への参入を呼びかけたという[254]。ここで摂関家の動向が問題になる。忠通・基実の父子はこのとき六波羅に駆けつけたのであったが、その様子を『愚管抄』は次のように伝えている。

大殿（忠通）・関白（基実）相ぐしてまいられたりけり。（中略）この関白は信頼が妹にむことられて有ければ、すこし法性寺殿（忠通）をば心おかんなど云こと有けるにや。六波羅にて院（ママ）・内（二条）おはしましける御前にて、人々候けるに、三条内府（公教）、清盛方を見やりて、「関白まいられたりと申。いかに候べきやらん」と云たりければ、清盛さうなく、「摂籙《せつろく》の臣の御事などは議に及ぶべくも候はず。まいられざらんをぞ、わざとめさるべく候。参らせ給ひたらんは、神妙の事にてこそ候へ」と申たりける。あはれよく申物かなと、聞く人思ひたりけり[255]。

摂関家は信頼と婚姻関係を結んでいたため、苦しい立場にあった。貴族の中には「法性寺殿《ほっしょうじどの》をば心おかん」というように、忠通父子の参入を拒否しようとする雰囲気もあったという。しかし、公教

はこの場に忠通父子を快く迎え、大同団結を図ろうとした。そのためには跳ね上がった雰囲気を鎮める発言が欲しい。その公教の眼は遠くに控える清盛に留まる（公教はおそらく二条天皇の御前におり、清盛は公卿座を隔てた殿上人座にいたであろう）。公教は清盛に「どうしたものか」と問いかけた。

清盛の答えは、公教の期待に違わぬ見事なものであった。「摂関はこちらからお迎えしなければならないお方であり、自らお出でいただくとはまことに有り難いこと」という彼の発言を聞いて、人々は冷静さを取り戻した。これは清盛が上流貴族たちの大きな信頼をかち得た一瞬であるとともに、貴族社会の秩序が堅持されることになったという意味でも重要な場面である。

こうして六波羅に貴族は総結集し、二条・公教方の態勢は整った。あとは信頼が降参してくるのを待つばかりとなった。

（8）合戦への突入

この時点において、信頼は謀反人の立場に追いやられた。しかも、すでに大勢は決してしまった。信頼はおとなしく降参するしかない情況であろう。しかるに、明けて二十六日、合戦が起きる。『百練抄』は次のように伝える。

廿六日。官軍を大内に遣し、信頼卿已下の輩を追討せしむ。官軍、分散す。信頼の兵、勝ちに乗じて襲来し、六条河原に合戦す。信頼・義朝等敗北す。信頼は仁和寺に至る。前常陸守経盛《(平)》を遣

し、信頼を召し取り、首を斬る。其の外、誅せらるる者多し。(256)

この記事を読むと、信頼自身が積極的に合戦を遂げたかのような印象を受けるが、しかし、「信頼の兵」「信頼・義朝等」の語を「信頼方」の意味に解し、信頼個人の行動は別であると解釈することも可能である。実情はどのようなことであろうか。

『愚管抄』には、事態の急変を知って内裏に駆けつけた信頼・義朝・師仲らの様子が、師仲の証言として、次のように語られている。

かゝりける程に、内裏には、信頼・義朝・師仲、南殿にて、あぶの目ぬけたる如くにてありけり。後に師仲中納言申けるは、義朝は其時、信頼を、「日本第一の不覚人なりける人をたのみて、かゝる事をし出つる」と申けるをば、少しも物もゑいはざりけり。紫宸殿《ししんでん》の大床に立て、よろひとりてきける時、(中略)やがて義朝は甲《かぶと》の緒《お》をしめて打出ける。馬のしりにうちぐしてありけれど、京の小路に入にける上は、散々《ちりぢり》にうちわかれにけり。さて六波羅よりは、やがて内裏へよせけり。義朝は又、「いかさまにも六波羅にて尸《かばね》をさらさん。一あてしてこそ」とてよせけり。(257)

紫宸殿(南殿)に集まった彼らは、「目をもがれた虻《あぶ》のように」茫然自失の体であった。やがて義朝はすべてを悟り、腹をくくる。こみあげる怒りを信頼にぶつけ、「愚か者」(「不覚人」)と罵るが、信頼は返す言葉もなく、惨めに押し黙るほかない。この場の主導権は全く義朝に握られていた。義朝は討死を覚悟し(「尸をさらさん」)、合戦へと出陣する。信頼と師仲は義朝に引きずられ、義朝の後について内裏を出たが、京の街路に出たところで義朝の軍勢から離れ、それぞれに逃げたのであった。

この師仲の証言によれば、合戦に突き進んだのは義朝であった。信頼や師仲に戦う意志のないことは明らかである。信頼は途中で逃亡し、仁和寺に逃げ込む（『百練抄』）。

信頼の立場になれば、合戦だけは避けたかったであろう。後白河にも見捨てられたのであるから、失脚は決定的である。しかし、おとなしく降参し、出家して恭順の意でも表せば、おそらく死刑になることはない。後白河の助力を頼めば、流刑を免れることもできるかもしれない。彼にはまだ生きる望みがありえた。

しかしながら、義朝の置かれた立場は違っている。三年前の保元の乱の結果を想起しよう。崇徳方に対する処罰は、文臣と武士とで異なっていた。文臣は流刑であったのに対し、武士は死刑であった。義朝自身が父為義らの死刑を執行したのである。二十六日の朝、紫宸殿の床に立ったとき、義朝は自分には死刑以外はありえないと悟ったであろう。生きる望みを断たれた義朝は自暴自棄になり、合戦に突き進む。「愚か者」に貶められた信頼には、もはやそれを止めることはできなかった。

義朝の軍勢は奮戦し、六波羅の清盛邸の間近まで攻め寄せたというが、結局は敗北する。義朝は討死せず、京を脱出したが、逃亡先の尾張国で討ち取られ、翌月（永暦元年正月）九日に京の東獄に梟首された。[258]

（9）信頼の処刑

前引の『百練抄』に信頼は「首を斬」られたとあるが、信頼が処刑されたのは、合戦の翌日の二十七日である。[259]『愚管抄』（覚性）は次のように伝える。

信頼は仁和寺の五の宮の御室へ参りたりけるを、次の日、（二十七日）五の宮よりまいらせられたりけるに、清盛は一家者どもあつめて、六原のうしろに清水ある所に平ばりうちており居たりける所へ、成親中将と二人をぐして、前に引すへたりけるに、信頼があやまたぬよし云ける、よに〳〵わろく聞へけり。かう程の事にさ云ばやは叶べき。清盛は「なんでう」とて顔をふりければ、心ゑて引たてゝ、六条河原にてやがて頸《くび》きりてけり。成親は（中略）とがもいとなかりけり。[260]

信頼は仁和寺に逃げ込んだ甲斐もなく、すぐに逮捕され、しかもその日の内に処刑されてしまった。後白河が助命に動いた様子はみられない。信頼をまったく見捨てたのであろう。注目されるのは、信頼が取り調べも受けずに、即刻処刑されたことである。これは異様というべきであろう。

『愚管抄』には清盛しか登場しないので、あたかも清盛が信頼に対する処罰権をもっていたかのようにみえるが、おそらくそうではない。信頼の処罰については、公教らがすでに即刻死刑と決めていたのであろう。清盛はそれを執行しただけとみるべきである。保元の乱でも文臣は死刑にされなかった。公卿の死刑は八一〇（弘仁元）年の藤原仲成《なかなり》以来のことである。[261] しかも取り調べがないのである。二条・公教方には事件の真相を究明しようとする姿勢はない。むしろ、それを避けたとみなければならない。信頼は口封じをされ、「謀反人」として事件の全責任を負わされた。すべては信頼の「謀反」であるという筋書きを仕立てるためには、信頼を即時に抹殺することが必要であった。後白河にとっても、二条や公教にとっても、経宗・惟方にとっても、それが最善の解決法である。

信頼はまことに心外であったろう。「あやまたぬ」と弁明しようとしたことを『愚管抄』は厳しく非難しているが、これは信頼の本心であろうと理解できる。九日事件は後白河の意を受けたものであり、二十六日の合戦も義朝の暴走であるならば、自分に何の罪があるのか、と彼は言いたかったのであろう。しかし、彼の陳弁は清盛によって封じられた。

信頼以外については、師仲は解官・流罪(262)、成親は解官(263)、義朝は梟首、義朝の男子の義平らは死刑(264)、同じく男子の頼朝・希義は流罪(265)、源季実は死刑(266)、源重成は行方不明(267)となった。

四　後白河と二条の確執

合戦は二条天皇方の勝利に終わったが、平治の乱がそれで解決したわけではない。第一段階としての九日事件、第二段階としての二十五・六日事件に続いて、政争は第三段階に入る。

(一) 二十五・六日事件の結果

二十五・六日事件の基本的特徴は、貴族が在位の天皇(子)を担ぎ、上皇(父)に反抗したということにある。歴史上も珍しい類の事件であるといえよう[268]。ここに二条と後白河の対立が表面化した。後白河が二条を自己の直系として認めていたならば、この父子の間に対立が起きることはなかったと思われる。後白河が二条を直系から外し、別の男子を直系に据えたいとする意思を持つようになったときに、対立の芽が吹き始めたとみるべきであろう。しかし、朝廷の大勢は二条が直系であることを当然としていた。二条と貴族の結束に直面し、後白河は苦杯を嘗める。一方、二条は貴族の支持を基盤にして、父からの自立を遂げる。二十五・六日事件は後白河と二条の確執の出発点となった。

二度の事件の結果、後白河は大きな痛手を受けた。彼は側近の二人の頭目（信西と信頼）をともに失った上、他の側近たちにも離反された。貴族の大勢が二条支持であることも明白になる。さらに、後白河の次男（守覚）が予定通り一一六〇（永暦元）年二月十七日に出家を遂げたため、[269] この次男が二条に替わる可能性は消滅した。このような情況のもとで二条が自立を強めたとなれば、もはや後白河の「院政」が成り立つ条件はない。

それは朝廷の政務の形にも表れている。たとえば、平治二（一一六〇）年正月十日に年号は永暦に改められたが、その改元定に裁可を与えたのは二条であり、後白河が関与した形跡はみられない。[270] それに対し、保元四（一一五九）年四月二十日に年号を平治に改めたときの改元定においては、後白河が指示を与えていたことを確認できる。[271] この相違は二十五・六日事件の影響に違いない。二十五・六日事件の後、後白河は政務に関与しない立場に変わったとみなされるのではなかろうか。

『愚管抄』はこのような二十五・六日事件後の変化を、次のように伝えている。

> 経宗・惟方など（中略）、大方此二人して、世をば院（後白河）にしらせまいらせじ、内（二条）の御沙汰にてあるべし、と云ける（後略）、[272]

二条方は後白河に対する対抗意識を露わにした。経宗（外戚）と惟方（乳夫）の二人は、後白河の治世は終わり、二条の治世が始まる、と公言したという。後白河はこのとき確かに敗者であった。しかし、二条方も勝利に酔い過ぎていた。

（2） 経宗・惟方の処罰

後白河はまもなく反撃に出た。二月二十日、経宗と惟方が後白河の命令を受けた清盛によって逮捕されたのである。『百練抄』によれば、二人は「禁裏中」において逮捕されており、『帝王編年記』によれば、後白河自身が内裏に赴き、逮捕に際しては「禁中」で「乱闘」が起きたという。(273)

『愚管抄』の記述は生き生きとして具体的である。それによれば、事件のきっかけは経宗・惟方が後白河に無礼を働いたことにあった。当時、後白河は八条堀河の屋敷におり、その桟敷で往来人と交わることを楽しみとしていたが、これを不愉快に思った経宗・惟方は、桟敷の外側に板を打ち付け、桟敷から往来を見ることができないようにしてしまったという。二人がこのような行動をとった根底には、前頁引用の、後白河の治世は終わったと公言して憚らない態度があった。『愚管抄』は次のように述べる。再度、その引用から始めよう。

かやうの事どもにて、大方此二人して、世をば院にしらせまいらせじ、内の御沙汰にてあるべし、と云けるをきこしめして、院は清盛をめして、「わが世にありなしは、この惟方・経宗にあり。これを思ふ程、いましめてまいらせよ」となく〳〵仰ありければ、その御前には法性寺殿(忠通)もおはしましけるとかや。清盛、又思ふやうども〻ありけん。忠景・為長と云二人の郎等《ろうどう》して、この二人をからめとりて、陣頭に御幸なして、御車の前に引すへて、おめかせてまいらせたりけるなど、世には沙汰しき。その有さまはまがしくしければ、かきつくべからず。人皆しれるなるべし。[274]
後白河にとって、この逮捕の実現には「わが世にありなし」がかかっていた。二人が無礼を咎められずにこのまま跳梁するならば、後白河の権威はますます失墜するばかりである。清盛に泣いて頼み込んだというのは、いかにも後白河らしいといえようが、彼はそのような醜態をさらしてまでも、自らの復権に執念を燃やしたのである。[275]
しかも、内裏[276]を逮捕の場所に選んだことに注目したい。これは二条に対する挑戦といえよう。二条よりも後白河の意思が優ることを公然化する狙いがあろう。後白河自身が内裏の「陣頭[277]」に赴いて二条を威圧し、経宗・惟方に恥辱を加えたのであった。
経宗と惟方は流罪となり、三月十一日に配流が執行された。ところで、この同日に、二十五・六日事件にかかわる師仲・頼朝・希義の配流も執行されている。[278]また、経宗・惟方の逮捕の二日後、二月二十二日には信西男子らが流罪を赦され、京に召還された。[279]信西の名誉回復がなされたことと、経宗・惟方の逮捕とに何らかの関連があるのか、また、経宗・惟方はあるいは信頼一派として処罰されたのか、気になるところではあるが、判断の材料をもたない。
いずれにしても、九日事件の「謀反人」役は信西から信頼に入れ替わることになった。信西の名誉回復によってその筋立てが固まった、とみることは許されるであろう。

（3）後白河の復権

後白河は復活を遂げる。経宗・惟方の逮捕から六日後、『百練抄』に次の記事がある。

廿六日。諸卿を院に召し、皇居、并びに、日吉社、八幡・賀茂に先んじ御幸有るべきか、又、四月の御熊野詣、憚り有るべきかの事を定め申さしむ。[280]

後白河は公卿を院御所に招集し、会議を催した。このこと自体が「院政」の復活を象徴するものである。

さらに、その三つの議題（皇居の件、日吉社参詣の件[281]、熊野参詣の件）の中、特に、皇居の件が注目されよう。他の二つは後白河個人のこととしても、これは二条に係わっている。内裏について後白河が裁可を下すとなれば[282]、後白河が二条より優位にあるという雰囲気が醸されることにもなろう。

なぜ突然のように後白河は復活したのであろうか。二十五・六日事件からまだ二ヵ月も経たないうちに、なぜ後白河は蘇ったのか。

それを決定づけたのは経宗・惟方の逮捕である。その逮捕が実現したのは、清盛が後白河の命に従ったからにほかならない。後白河と清盛が親しい絆に結ばれたのは、おそらくはこのときが初めてであり、前引の『愚管抄』は、二人のこれからの長い因縁のはじまりとなった記念すべき場面なのである。それにしても、その場の後白河の態度はまことに情けなく、これでは清盛に侮られるだけのようにも思われるが、意外にも、清盛はこれに応じたのであった。経宗・惟方を逮捕するというのは、清盛としても相当の決意を必要としたはずである。なぜ清盛は後白河に味方したのか。

問題は二条方にあろう。二条は貴族勢力に支えられて、勝利を得たのであった。その貴族の動向はどのようになっているのであろうか。もしも貴族がまだ強く二条を支持しているのであれば、経宗・惟方の逮捕・流罪ははたして可能かどうか。清盛もはたして後白河の命を受けたかどうか。つまり、貴族はもはや必ずしも結束して二条を支持しているわけではない、という情況を想定すれば、これらの事件の説明は可能になろう。

それでは、二条方と貴族の間に亀裂が生じるような問題とは何であろうか。思い当たることが一つある。それは多子の入内《じゅだい》である。

多子はかつて近衛天皇の中宮に立てられたが、今は太皇太后の地位にあった。二条はこの多子を妻に迎えたのである。その事情を『今鏡』は次のように伝えている。

年経るほどに、二条の帝の御時、あながちに御消息ありければ、父大臣もかたがた申しかへさせ給ひけれども、忍びたるさまにて、参らせたてまつり給へりけるに、(後略)(283)

「父大臣」とあるが、多子の実父の藤原公能《きんよし》はこのときは権大納言である。公能は入内を辞退したのであったが(「申しかへさせ給ひけれども」)、二条は強引に(「あながちに」)これを実現させた。多子は「忍びたるさまにて」内裏に参ったとあり、この入内が憚られるものであったことを語っている。

入内の日付は、『帝王編年記』に一一六〇(永暦元)年正月二十六日とある。(284)

多子の入内が問題であるのは、二条の中宮に姝子内親王が存在するからである。鳥羽法皇は二条を近衛の後継者とする証に、美福門院所生の娘である姝子を二条に配したのであった。鳥羽法皇の皇位継承の遺志を守るということは、中宮姝子の立場を守ることに繋がるであろう。しかるに、后位にある多子が入内することはこれに矛盾する。二条の行動は、故鳥羽院に対する反逆とみられても仕方のないものであろう。

姝子はこの年の八月十九日に出家を遂げた。次がその日の『山槐記』の記事である。

今暁、中宮(姝子)、御悩危急に依り、御出家有りと云々。院(後白河)、去夜御幸有り。暁天に還御すと云々。先々此の事、御発心の由、粗ら其の聞え有り。然れども上皇の御制止に依り、遂げしめ御《おわしま》さざるなり。今御幸有りて此の事有り。還御の前後の条、知らざる事なり。御年は廿と云々。太だ悲しき事なり。去ぬる春の比《ころ》より、禁裏に入御せず、白河押小路殿に御《おわしま》すなり。(後略)

これによれば、姝子は「去ぬる春の比」に内裏を去り、母の美福門院の屋敷である白河の押小路殿(285)に籠もっていた。「去ぬる春の比」というのは、多子が入内した時期に一致する。二条と姝子の夫婦関係が壊れた原因は、多子の入内問題にあるとみるのが妥当であろう。それは修復されぬまま、姝子が出家を遂げたことによって、夫婦関係の破局は決定した。

またこの間、後白河は、姝子に出家を思い止まらせようと動いていたという。後白河は多子の入内を非難し、二条に姝子との修復を促す、という態度をとっていたのであろう。すなわち、後白河は鳥羽法皇の遺志を守るという立場を周囲に示したとみなされよう。ここに後白河が復活しえた鍵があるように思われる。

公教らの貴族は、鳥羽法皇の遺志を遵守しようとして、二条を支持し、後白河に反抗したのであった。ところが、乱後一ヵ月にして事態は転変し、二条は鳥羽法皇の遺志を無視する行動をとった。美福門院は怒り、貴族の心はたちまちに二条から離れたであろう。

ここに後白河の付け入る隙が生まれる。後白河は美福門院と貴族の側にすり寄り、二条と経宗・惟方の軽率な行動を咎めることに成功した。

(4) 皇位継承問題の噴出

しかしながら、後白河の復権には限界がある。二条が直系を担うという合意は揺らいでいないからである。この合意があるかぎり、二条はふたたび失地を回復し、力関係を逆転させることになろう。後白河がそれに抗するのは難しい。後白河と二条の関係は拮抗状態に入り、その後一年半ほどの間、対立を水面下に潜らせ、表面は平穏を装っていたとみられる。(286)

その間に重要人物の死去が相次いだ。公教が一一六〇年七月、美福門院が十一月に死去し、翌年(応保元年)八月には公能(右大臣)が死去している。特に公教は貴族の指導的役割をはたしてきただけに、その死の影響は大きい。美福門院と公教は、鳥羽法皇の遺志を遵守する路線を象徴し、代表する人物であった。彼らの死後、この路線の重みが次第に薄れてゆくことになるのは避けがたいであろう。

拮抗状態が破れる転機となったのは一一六一（応保元）年九月である。その九月三日に後白河の六男（後の高倉天皇）が誕生した。[287] しかるに、九月十五日に院司《いんのつかさ》の平教盛と平時忠とが解官の処罰を受ける。[288]『百練抄』はこれを皇子の誕生に関わる事件として、

右少弁時忠已下解官す。是れ彼の妹の小弁殿（滋子）、上西門院女房、上皇の皇子を誕むの旨、世上嗷々の説と云々。[289]

と伝え、さらに『愚管抄』も、

又、時忠が、高倉院の生れさせ給ひける時、いもうとの小弁の殿うみまいらせけるに、ゆゝしき過言をしたりけるよし、披露して、前の年解官せられにけり。[290]

と語っている。時忠の「ゆゝしき過言」とは、従来も説かれているように、この皇子に皇位継承の期待をかける発言であったと推測されよう。

当時、二条は「疱瘡《ほうそう》」（天然痘）を患っていたので、[291] それも絡み、時忠は不用意な発言をしたのであろうか。二条にはまだ男子がないこともあり、二条の生命が危ぶまれるという状況の中で、二条方も皇位継承に関わる発言には神経を尖らせたのであろう。

なお、この皇子の外戚が平氏であること、この事件に清盛の弟の教盛が関わったこと、清盛の妻（時子）は「小弁の殿」（滋子。建春門院）の姉であることなどによって、清盛もこの皇子の将来に希望

を抱いたのではないかとみる見解もあるが、(292) それはかなり疑わしい。時忠は平氏とはいっても、清盛とは全く別流である。また、清盛と教盛とは異母兄弟であり、時子と滋子も異母姉妹である。清盛がこの皇子にはたしてどれほどの身内意識を抱いたか、疑問とすべきであろう。清盛自身は事件の二日前の九月十三日に参議から権中納言に昇進した。(293) 清盛は事件に関わりないとみるのが妥当であろう。

　問題は事件と後白河との関係にある。後白河自身がこの皇子の誕生に皇位継承の期待を抱き、それが時忠の「ゆゝしき過言」になって表れた、とする理解もあろう。(294) しかし、これには腑に落ちない点があり、多少の検討を要する。

　このとき後白河には、二条と守覚の他に、なお三人の男子がいた。守覚の同母弟である三男（以仁《もちひと》）と、兵衛尉信重の娘（坊門局《ぼうもんのつぼね》）に生まれた四男（円恵《えんえ》法親王）・五男（定恵《じょうえ》法親王）であり、(295) 三男は十一歳、五男は六歳である(296)（四男の生年は不明）。この中で後白河が誰に皇位継承の期待をかけるかといえば、それは三男に違いない。卑見の推測のごとく、後白河がかつて守覚に皇位継承の期待をかけたとすれば、その期待は同母弟の三男に引き継がれるのが当然であろう。

　三男の外戚は権中納言公光《きんみつ》である。(297) これに較べ、四男・五男の外戚は著しく見劣りがする。同じことは、この新たに誕生した六男についても言えよう。六男の生母の父時信は兵部大輔で終わっており、時忠も三十歳を越えてまだ正五位下・右少弁であった。公卿に昇進できるかどうかも危うい家柄である。前述したように、清盛もこの六男に力添えする立場にあったわけではない。後白河にとって、六男が三男に優る価値ある存在であったとは思われない。

この時点においては、後白河の密かな期待は三男にかけられていたとみるべきであろう。兄の守覚とは一歳違いであるから、三男もすでに出家をしなければならない時期にきていた。しかし、この三男は、幼時より天台座主最雲《さいうん》法親王の弟子になっていながら、(298) ついに出家を遂げなかった。この間、一一六〇（永暦元）年七月に最雲と守覚の従者同士で殺傷事件が起き、(299) さらに一一六二（応保二）年二月には最雲が死去しており、それらによって出家の機会を失ったとみることもできるが、(300) 後白河にその意思さえあれば、別の師に付託して出家させることはできたであろう。四男・五男は出家を遂げている。

白河天皇以来、皇位継承者とその同母兄弟以外の皇子はすべて元服前に出家させる、という慣行が続いていた。しかるに、三男はこの慣行に外れる唯一の例外になった。やはり、三男について後白河には皇位継承に関わる意図があったとみなければならない。(301)

したがって、一一六一（応保元）年九月の事件は、後白河の意思に関係なく、時忠個人の跳ね上がった行為に端を発した、と理解する方が分かりやすい。しかしながら、この事件は大きな波紋を投げかけることになった。はからずも、後白河と二条の間に潜在していた皇位継承をめぐる確執が、一挙に噴出したのである。時忠は後白河の本音を代弁したと、人々は理解したのであろう。

(5) 二条「親政」の成立

二条方はこれを機に強硬姿勢に転じた。九月の解官に続き、十一月末には藤原信隆《のぶたか》、成親《なりちか》、範忠《のりただ》らの「上皇近習の輩」が解官に処された。(302) ついで、翌一一六二(応保二)年三月七日に経宗《つねむね》が流罪を赦される。(303) さらに、六月二日に院司の源資賢《すけかた》、通家《みちいえ》、雅賢《まさかた》が解官となり、(304) 続いて同月二十三日に資賢、通家、時忠《ときただ》、範忠の四人が流罪となったが、これは二条を呪詛《じゅそ》したという罪によるものであった。(305)

このように後白河の側近に対し、連続して粛清が加えられ、後白河は引退も同然の形に追い込まれた。二条は「親政」(306) の形を実現する。それは皇位継承問題に関わる後白河方の策動を封じるためであった。

一方で、二条は摂関家との協調を進めている。姝子の出家から四ヵ月後、一一六一(応保元)年十二月に育子が入内した。育子の実父は実能であるが、忠通の猶子になっており、さらに入内に際して、関白基実の猶子とされた。(307) 育子は翌一一六二年二月に中宮に立てられた。(308)

凡そ御在位の間、天下の政務、一向に執行す。上皇に奏せず、関白に仰せ合さるる許《ばかり》なり。(309)

と『百練抄』が記す情況は、この一一六二〜六五年の時期に該当する。また『愚管抄』にも、

さて、主上二条院、世の事をば一向に行はせまいらせて、押小路《おしこう》東洞院《じひがしのとういん》に皇居つくりておはしまして、清盛が一家の者、さながらその辺にとのゐ所どもつくりて、朝夕に候はせけり。いかにもく〳〵、清盛もたれも、下の心には、この後白河院の御世にて世をしろしめすことをば、いかゞ

とのみおもへりけるに、清盛はよく〳〵つゝしみて、いみじくはからひて、あなたこなたしける
にこそ。我妻のおとゝ小弁の殿は、院のおぼゑして、皇子うみまいらせなどしてければ、それも
下に思ふやうどもありけん。(310)

とあり、二条に忠勤を励む清盛の様子が語られている。(311)誰もが本心では後白河の治世について懸念を抱いていた、という叙述は興味深い。それが、このように一挙に二条の世になってしまう理由についての、『愚管抄』の説明である。確かに後白河は信望に欠けていたのであろう。

しかし、清盛は後白河との繋がりを断つことはなかった。『愚管抄』がいうように、それが清盛を成功に導く。清盛の妻が異母ながらも「小弁の殿」と姉妹であるという関係によって、清盛の立場がきわめて有利になるような時代がまもなく到来した。

(6) 後白河「院政」の成立

二条の治世は、突然、一一六五（永万元）年に終わりを迎える。この年に入って病床についた二条は、六月二十五日に皇子に譲位し、ついに七月二十八日に死去した。二十三歳の若さであった。

二条から譲位された六条天皇は、わずかに二歳である。しかも、六条の生母は下級貴族の出身であるため、中宮育子の養子とされてはいたが、(312)二条の後継者として認められるだけの十分な資格をもつとは言い難い。ここに後白河の運は一挙に開ける。彼は労せずして、直系の権威を体現する立場を確

保することになった。

後白河は、皇位継承について、このときはじめて公然と自己の意思を表明することができるようになったのである。二条の死とともに、皇位継承問題は大きな展開をみせた。この年の十二月、後白河の皇子の一人は元服を加え、もう一人には親王宣下がなされた。[313]

元服を加えたのは、十五歳の三男（以仁）である。[314] しかし、彼には親王宣下がない。親王にされたのは五歳の六男（憲仁。高倉天皇）である。後白河が皇位継承者に選んだのは高倉であった。高倉は翌一一六六（仁安元）年十月に皇太子に立ち、一一六八（仁安三）年二月に受禅し、即位した。後白河「院政」は、二条の死によって、一一六五（永万元）年に成立したとみなすことができる。

後白河は、一一六一年から六五年までの間に、意中の後継者を以仁から高倉に替えたことになる。[315] その経緯については明らかにしえない。時忠の「過言」が逆に高倉の存在を強く印象づけることになったのか、時忠・高倉と苦境を共にしたという親近感が後白河に湧いたのか、滋子（建春門院）への寵愛か、理由はさまざまにあろう。

一一七一（承安元）年、高倉は十一歳で元服を加え、清盛女子の徳子が女御とされ、さらに翌年に中宮に立てられた。この徳子の入内は「待賢門院の例」によるとされ、徳子は後白河の「養子」とされた。[316] 後白河の母璋子（待賢門院）が白河院の養子として鳥羽天皇の中宮に立てられた例に倣うというのであるが、それは単に母の例を重んじるというだけの意味ではない。

璋子以前においては、中宮には摂関の女子（養子を含む）または内親王が立てられる慣行が続いていた。璋子の立后はこれに反することであったが、白河院の養子ということで正当化されたと考えられる。以後、摂関の女子とともに、閑院流（徳大寺家）の女子も多く中宮に立てられるようになった。後白河の中宮忻子も閑院流《かんいんりゅう》の女子である。しかるに、この徳子の立后は「待賢門院の例」に依るとは言いながら、閑院流ではなく、平氏を中宮に立てたのである。これは明らかな新例であり、その障害を越えるために、後白河の「養子」という形を利用する必要があったのであろう。(317)

後白河は皇位継承における提携の相手に平氏を選んだ。つまりは、平氏を閑院流に取って代わらせようとしたわけである。後白河の皇位継承構想は、この意味で挑戦的であった。なぜ彼がこのような方向に進むのか、その理由はよく分からないが、彼の心奥には閑院流に対する反感が秘められているのではなかろうか。平治の乱とその後の体験の数々は、後白河にとっておそらくは屈辱であったに違いない。そのことを思えば、後白河の、閑院流との絆から離れようとする衝動は理解できるようにも思われる。

後白河「院政」はそれでも十年間余り平穏を保ったが、一一七七（治承元）年、清盛が後白河の側近の西光《さいこう》を殺し、成親《なりちか》を流罪（後に殺害）にするという事件が発生する。(318) 西光と成親は平治の乱の生き残りである。側近政治の危うさが露呈したといえよう。それをきっかけに後白河と清盛の対立が始まり、ついに一一七九年十一月の平家クーデターが引き起こされた。

ここに以仁がはじめて歴史の表舞台に登場する。一一八〇（治承四）年四月、以仁は父後白河を救い自ら皇位に即くと称し、武士に檄を飛ばして、平家打倒の挙兵を呼びかけた。しかし、その企ては発覚し、五月に彼は敗死したが、それによって一一八〇年代内乱の幕が切って落とされたのである。

おわりに

保元の乱と平治の乱、およびその前後の時代を分析するに当たって、本書は史料の取り扱いに一つの原則を立てた。すなわち、第一に同時代の日記を重んじ、第二には後世の編纂書や著作の中で信憑性の高いものを用い、そして、『保元物語』『平治物語』をその下の三番目に位置づけた。この原則を崩さずに叙述したつもりである。

もとよりすべてを合わせても、史料群は決して豊かではない。特に平治の乱については、第一の日記を欠く点において、決定的な困難を抱えている。叙述が憶測に満ちた危ういものになることは避けられない。それでもなお、『保元物語』『平治物語』に頼ってしまうことの危うさに較べるならば、よりましであるといえるのではなかろうか。

本書の分析と叙述を通して、私は『愚管抄』の価値をあらためて認識することができた。史料の取り扱い方もそこに根拠がある。

本書は保元の乱と平治の乱の分析を中心に、一一三〇年代から一一七〇年代に至る政治史を叙述した。鳥羽「院政」の全期および後白河「院政」の前期に当たる。最後にその全体を省みて、この時期の政治史の中心的課題は何にあったか、朝廷政治を動かす最も決定的な要因は何か、という問題に触れて、まとめとしよう。

本書の叙述の始めから終わりまで、繰り返し登場するのは皇位継承問題である。皇位継承問題こそが一貫して政治の最重要課題であり、政治の主たる動因であったとみなければならない――この見方は古代・中世全般に通じることであるが――。

この時期の天皇たちは、鳥羽・崇徳・近衛・後白河・二条・六条・高倉のいずれも、生母は摂関家の娘ではない。平安時代には、摂関の家系の娘（猶子を含む）を生母とする皇子が直系の資格をもつ、という皇位継承の理念が確立していたが(319)、この時期の天皇たちは、自身かかる理念にあてはまらず、また、かかる理念にあてはまる皇子をもつことができなかった。

このように直系理念が機能しない情況においては、皇位継承者は複数の皇子の中から選ばれるものとなる。選ぶのは父（祖父）の天皇である。父（祖父）の天皇の意思によって、子孫は直系に選ばれたり、直系から外されたりした。その経緯は次のようになる。白河院は鳥羽・崇徳を直系に決めた。鳥羽は崇徳を直系から外し、近衛・二条を直系とし、後白河には中継ぎ役的性格を与えた。二条は六条を直系とした。後白河は六条を直系から外し、高倉を直系に決めた。

子（孫）が父（祖父）の遺志を守るとは限らない。直系から外された者は父に反抗し、直系の地位を回復しようとする。それは崇徳の例である。さらに、自分の子が直系になっているとしても、それが父（祖父）の意思で決まったものであり、自分の意思ではないという場合には、その父（祖父）の遺志に対する反抗が起きる。父（祖父）の決めた直系を否定し、自分の意思で別の子を直系に立てようとするのである。このような行動をとったのは鳥羽と後白河であった。

かかる情況における皇位継承問題とは、誰が即位するかの争いにとどまらず、誰が天皇を選ぶのか（誰の意思によって皇位継承者が決まるのか）、という争点がより本質的に重要である。天皇は自らの意思によって子孫の中から直系を選ぼうとする。いわゆる「院政」とは、その意思を貫きえたときに生まれる政治形態である。(320)

鳥羽は近衛・二条を直系に立て、崇徳を排除した。保元の乱が生起した主因を探れば、このことに行き着かざるをえない。それでは平治の乱はどうか。卑見はここにも皇位継承についての後白河の思惑が深く関わっているのではないかと推測した。後白河は二条が直系とされたことに反発し、密かに二条を直系から外そうとする意図を抱いたのではないか。かかる想定によって、平治の乱および乱後の情況の理解に、一筋の見通しが得られたように思われる。

注

（1）「武者の世」の捉え方については、拙稿「中世における神国の理念」（佐伯有清先生古稀記念会編『日本古代の伝承と東アジア』〈吉川弘文館、一九九五年〉所収）参照。

（2）『兵範記』（矢野太郎校訂、一九三四年。『増補史料大成』〈臨川書店〉に復刊）。陽明文庫本の写真帳は『陽明叢書　人車記』（思文閣出版）として、京都大学所蔵本の写真帳は『京都大学史料叢書　兵範記』として刊行されている。本稿における引用は刊本を写真帳によって補訂し、訓み下し文に改めた。

（3）『新訂増補国史大系　百錬抄』（吉川弘文館）による。本稿における引用は訓み下し文に改めた。『国史大辞典』（吉川弘文館）「百練抄」（益田宗氏執筆）参照。

（4）『日本古典文学大系　愚管抄』（岡見正雄・赤松俊秀校注、岩波書店、一九六七年）による。本書の補注・頭注はきわめて有益である。本稿における引用は読みやすさを図り、片仮名を平仮名に改めた。多賀宗隼氏「愚管抄」（『国史大系書目解題』上巻〈吉川弘文館、一九七一年〉所収）参照。

（5）『日本古典文学大系　保元物語・平治物語』（永積安明他校注、岩波書店、一九六一年）および『新日本古典文学大系　保元物語・平治物語・承久記』（栃木孝惟他校注、岩波書店、一九九二年）による。

（6）『新訂増補国史大系　今鏡』（吉川弘文館）および『今鏡（上・中・下）』（竹鼻績訳注、講談社学術文庫、一九八

五年）による。『今鏡』は平安時代後期の朝廷に関する第一級の文献であるが、残念ながら保元の乱・平治の乱についての具体的な記事に乏しい。
（7）『新訂増補国史大系　古事談』（吉川弘文館）による。本稿における引用は読みやすさを図り訓み下し文に改め、また、片仮名を平仮名に改めた。山田英雄氏「古事談」（『国史大系書目解題』上巻〈吉川弘文館、一九七一年〉所収）参照。
（8）注4書二二六〜二二七頁。
（9）『今鏡』（注6訳注書〈中〉二六〇〜二六八頁）参照。
（10）『中右記』大治二年四月九日・十一月十三日条。
（11）『中右記目録』（『増補史料大成　中右記七』所収）天治二年四月二十三日条。『中右記』大治五年正月三日条。
（12）『台記』保延二年十二月九日条（橋本義彦・今江広道校訂『史料纂集　台記一』）。
（13）『台記』康治二年十月二十二日条（『史料纂集』）。
（14）兼長の著袴儀は摂関家の嗣子にふさわしい盛儀である（『台記』康治二年十二月八日条）。
（15）『台記』天養元年十二月二十六日条（天養元年以降は『増補史料大成』による）。
（16）『台記』久安元（天養二）年正月五日条。
（17）『台記』久安元年正月五日・六日・七日・二十二日・二十八日条。
（18）『台記』久安元年正月二十六日条。
（19）注4書二一三頁。
（20）『兵範記』久寿二年七月二十三日条。
（21）『兵範記』久安五年十月二十五日条所載の忠通の任太政大臣近衛天皇宣命にも「孫祖の義尤も厚し」とある。また、『今鏡』（巻三男山）にも「おほぢ（祖父）」とある。なお、忠通の正妻（北政所）で聖子の生母である宗子は近衛天皇の「祖母」の格とされている（『兵範記』久安五年十月十六日条）。

(22) 入内問題および忠通義絶問題については、橋本義彦氏『藤原頼長』（吉川弘文館、一九六四年）に詳しい。

(23) 『宇槐記抄』（『増補史料大成』）仁平元年九月二十日条。関連記事は同記仁平二年二月十二日条にもあるが、詳細は不明。頼長が語った相手とされる権少僧都静経は、翌年に死去するまで頼長との親しい関係を続けている（『兵範記』仁平二年正月二十六日・六月七日・九日・十五日・二十二日・二十五日条）。なお、この情報を忠通に報告した「散位源朝臣季房」という人物は、『今鏡』（巻七武蔵野の草）によれば、顕房の男子である（注6訳注書〈下〉二〇一〜二〇四頁）。『朝野群載』（第二十八）所収の主計寮諸勘文によれば、季房は一〇九三（寛治七）年と一一〇四（長治元）年の二度、丹波守に任じられており、一一一〇（天仁三〈天永元〉）年には正四位下であった。

(24) 内閣文庫所蔵の『台記』坊城本・三十冊本などをもって刊本を補訂した。

(25) 法皇の発言によれば、美福門院は近衛の病状を十分に確認できなかったと法皇に報告したようである。そうであれば、美福門院が近衛の譲位に納得したとは思われない。忠通の守仁擁立案について、忠通は美福門院の意を受けてかかる案を唱えたと解する説もあるが（橋本義彦氏『藤原頼長』〈注22〉、同氏「美福門院藤原得子」〈『日本歴史』四六九号、一九八七年〉）、この時点においてすでに美福門院が守仁擁立の意思をもっていたとみなすのは無理であろう。

守仁の擁立は美福門院の意思によるとする説は、『台記』久寿二年九月八日条に一つの根拠を求めている。このころ、守仁の立太子が迫り、忠実は頼長を東宮傅に就任させるべく法皇に働きかけていたが、法皇からその実現は難しいとの返事が到来した。その中で法皇は、

当今の一宮（守仁）は女院美福の養育するところなり。仍て立太子の事は女院これを掌る。

と述べているが、これについて、守仁立太子が美福門院の意思によって決定されたことを語ったものとする解釈がなされているようである。しかし、これは立太子の儀式の準備やそれに関係する人事のことを言っているのであり、これに続く法皇の発言も、今後の朝廷のあり方として美福門院と守仁を中心とする体制を固めたいという意図を語るにとどまっている。二年前に遡って守仁擁立運動の始まりの事情を説こうとするような内容ではない。

(26)『兵範記』仁平二年十月十九日条など。

(27)『兵範記』仁平三年七月三十日・八月二十八日条。

(28)『兵範記』仁平三年八月二十一日・二十八日・九月二十一日条。近衛天皇は六月以来病床にあり、「不食」のために一時重態になった。このころは法皇も重病に陥っている。

(29)『本朝世紀』(『新訂増補国史大系』)仁平元年十月十四日条。『兵範記』仁平三年三月二十七日条。『台記』は覚法《かくほう》法親王の弟子になったとするが、『本朝世紀』には覚性(信法)の弟子になったとある。

(30)『兵範記』久寿元(仁平四)年十月十日条。

(31)『兵範記』久寿二年六月十八日・七月八日・十六日・十八日・二十三日条。

(32)『兵範記』久寿二年七月十八日・二十日条。

(33)『兵範記』久寿二年七月二十三日条。

(34)同前。

(35)『兵範記』久寿二年七月二十四日条。

(36)『山槐記』(『増補史料大成』)永暦元年十二月四日条。

(37)『玉葉』寿永二年八月十四日条。

(38)注4書二一六頁。

(39)『台記』久寿二年七月二十三日条によれば、忠実はこの日、宇治を出て鳥羽に赴き、「鶏鳴後」(夜明け前)に京の高陽院に到着している。おそらく近衛の死去を聞き、法皇に面会を求めて急遽鳥羽に向かったのであろう。しかし、法皇がそれに応じないという緊張した場面が、鳥羽殿において展開されたことになる。

(40)本書二六頁の『古事談』の引用文中の「八条院をや女帝にするゐたてまつるべき」の文に、「中院入道申詞云々」の傍注を付けた写本がある(注7書二六頁)。中院入道は雅定である。なお、暲子擁立案は『今鏡』(巻三虫の音)にも見える。

(41)七・八世紀の女帝については、拙著『古代政治史における天皇制の論理』(吉川弘文館、一九八六年)を参照されたい。

(42)『山槐記』の記す伊通の発言、「見存の父を置き乍ら、其の子即位の例無し」云々は、『愚管抄』の伝える忠通の発言、「これがをわしまさん上は、先これを御即位の上」云々と同じ内容である。幾度も指摘するように、伊通は忠通と親しい。伊通の発言はおそらく久寿二年七月二十四日の忠通の発言を伝えるものであろう。

(43)注7書二六頁。

(44)『兵範記』久寿二年七月二十四日条によると、忠通の任関白宣命には誤って「皇太子」の語が記載された。これを誤謬とする記述によって、後白河は皇太子に立つことなく践祚したことが確かめられる。

(45)注41拙著参照。

(46)『兵範記』久寿二年九月二十三日・十二月九日・保元元年三月五日条。

(47)『山槐記』保元元(久寿三)年二月二日条。『公卿補任』(『新訂増補国史大系』)保元元年条。

(48)近衛天皇の死後、その死は忠実・頼長の呪詛によるものであるとする噂が立ち、それにより法皇は忠実・頼長を嫌悪するようになった、との話が流布した(『台記』久寿二年八月二十七日条。『愚管抄』注4書二一五頁)。頼長の記すところによれば、法皇に画策したのは忠通であるという。政争につきものの話である。ただし、法皇の態度を史料に即してみれば、忠実・頼長を嫌悪するような姿勢が必ずしも明瞭に現れているわけではない。したがって、この呪詛説が法皇に決定的な影響を与えたと断定することは控えるべきであろう。そもそも忠実・頼長がなぜに近衛を呪詛するのか、真実味を感じさせるとも思われない。法皇にとって確かに呪詛を行いそうに感じられる人物があるとすれば、それは崇徳であろう。

(49) 『兵範記』保元元（久寿三）年二月十五日条。なお、頼長の正妻が前年久寿二年六月に死去し、高陽院（泰子）が同年十二月に死去したことが頼長の「籠居」の理由であるとする説もあるが（橋本義彦氏『藤原頼長』〈注22〉）、それは疑問である。忠通の正妻も同年九月に死去し、また忠通は高陽院の同母兄であるが、忠通は「籠居」をしていない。頼長の「籠居」は、内覧に再任されなかったことに対する抗議の意志を表したものと考えられる。頼長は前年久寿二年四月から五月にかけて三度上表し、内覧・左大臣を辞する意思を表していたが（これは古来の慣行で、勅答を以て上表が返却されることにより内覧などの地位をさらに固めるためであった）、上表に対する勅答が行われないままに近衛天皇は死去した。さらに後白河天皇の践祚に際して内覧に再任されず（『公卿補任』久寿二年条）、頼長は出仕を止めて「籠居」の状態に入った（『台記』久寿二年九月十九日・十月二十三日・十二月三日条、『兵範記』久寿二年十二月四日条など）。その上表に対する答えは越年して保元元年二月二日に出される（注47）。それにより左大臣には再任されたものの、内覧の望みは叶えられなかったため、頼長の「籠居」はなお続くことになった。

(50) 龍肅「後白河院の治世についての論争」（同氏『平安時代』〈春秋社、一九六二年〉所収、一九五頁）は「御万歳の沙汰」を「法皇の終焉後の事態の処理計画」と解釈し、政治的意味付けを与えている。さらにこれに基づき、このころ崇徳・頼長の謀反の情報が流れていたとし、「院の当局者」は武士を動員して内裏・院御所を警備させるなど、異変の勃発を恐れて対策を講じた、という論旨を展開して、法皇の死去以前にすでに情況は緊迫していたとする理解を提示した。かかる見解は現在も大方の論者に受け継がれているが、卑見はこれに従いえない。以下の叙述の中で、個々の史料の解釈を順次述べることにしたい。

(51) 往生伝類をはじめとして、事例は数多いが、かかる観念を率直に語る代表的な例を一つだけ、『太平記』巻二十一の後醍醐天皇の死去の場面を次に挙げよう(『日本古典文学大系　太平記二』〈岩波書店〉三四二頁)。

大塔忠雲僧正、御枕ニ近付奉テ、泪ヲ押テ申サレケルハ、「(中略)今ハ偏ニ十善ノ天位ヲ捨テ、三明ノ覚路ニ趣セ給フベキ御事ヲノミ、思召被定候ベシ。サテモ最期ノ一念ニ依テ三界ニ生ヲ引ト、経文ニ説レテ候ヘバ、万歳ノ後ノ御事、万ヅ叡慮ニ懸リ候ハン事ヲバ、悉ク仰置レ候テ、後生善所ノ望ヲノミ、叡心ニ懸ラレ候ベシ。」ト申サレタリケレバ、(後略)

ただし、後醍醐はこれに従わなかったと『太平記』は語っている。

なお、誰もが鳥羽法皇のように死ぬことができたわけではない。天皇を例にとると、堀河天皇は白河院の意思により、又、近衛天皇は鳥羽法皇の意思により、ともに譲位を許されず、したがって出家することもなく、在位のままに死去した。白河も鳥羽もそれぞれに、最期の時まで堀河や近衛の平癒・延命に期待をかけ、祈禱を行わせていた(『大日本史料』嘉承二年七月十九日条。『兵範記』久寿二年七月二十三日条)。

(52) 『兵範記』保元元年七月二日条。鳥羽法皇は火葬せずに塔の壇に納棺するという珍しい葬法を採用したが、かつて白河天皇もこの葬法を試みようとしたことがあるらしい。源師時の伝える藤原長実の言によれば、白河院は長年、「吾れ崩ずる後、荼毘の礼を行ふべからず、早く鳥羽の塔中の石間に納め置くべきなり」と指示していたという。しかし、死去の年(一一二九年)にこの「多年の宿意を変へ、俄に火葬の儀」を遺言した。理由は死骸に凌辱を受ける不安を感じたためであるという(『長秋記』大治四年七月十六日条)。

ここで注意しておきたいのは、中尊寺金色堂の壇内に遺体が安置された奥州藤原氏（清衡・基衡・秀衡）の著名な事例である。鳥羽と奥州藤原氏との葬法はきわめて近似しており、まことに興味深い。奥州藤原氏三代の遺骸を調査した鈴木尚氏「遺体の人類学的観察」（朝日新聞社編『中尊寺と藤原四代』〈一九五〇年〉所収）によれば、「盛夏に死亡した清衡は最も保存状態が悪く、ほとんど骨骼化していた。（中略）初冬に死んだ秀衡が最も保存がよい。即ち三代の遺体の保存状態は死亡した季節と一定の関係がある。この事実はむしろミイラの自然生成の考えに有利であろう」とある（ただし、異論もある）。もしも安楽寿院が創建当時のままに残存したならば、その壇内には鳥羽法皇の遺骸が藤原清衡のそれと同じような状態で残されたのではなかろうか（死去は同じく七月）。清衡の死去は一一二八（大治三）年であるが、当時、白河院も同じ葬法を指示していた。清衡ら三代の葬法と白河・鳥羽の事例との間には密接な関係があるように感じられるが、今は鳥羽法皇の葬法と奥州藤原氏のそれとの類似性を指摘するにとどめたい。

なお、鳥羽の葬法によく似た例として、篤子内親王（堀河天皇中宮。一一一四〈永久二〉年十月一日死去）がある。『中右記』に雲林院の堂の「壇の中に御棺ながら収め奉」ったとあり（永久二年十月一日・二日条）、この通りであれば鳥羽法皇式葬法の先例といえよう。しかし、『殿暦』に「土葬」とあるのが気になる点であり（同月一日・四日条）、あるいは棺は堂の壇下に埋められたのかもしれない。先例とみなしてよいかどうか、いささか微妙である。また、待賢門院（一一四五〈久安元〉年八月二十二日死去）の場合、棺は法金剛院の裏山に埋められ（石櫃の中に納棺）、上に堂が建てられた（角田文衛氏『椒庭秘抄』〈一九七五年、朝日新聞社。『待賢門院璋子の生涯』と改題して一九八五年復刊〉参照）。高陽院（一一五五〈久寿二〉年十二月十六日死去）や建春門院（一一七六〈安元二〉年七月八日死去）の場合も、棺は堂下に埋められた（角田文衛氏著書参照）。鳥羽法皇の場合、棺を壇下に埋めた形跡がない点に、待賢門院以下の諸例とは区別される。

(53)『兵範記』保元元年七月三日条。

(54)『兵範記』保元元年七月八日条。

(55)『本朝世紀』久安五年正月五日・十四日条参照。

(56)『兵範記』久寿二年十月五日条。ただし、崇徳と高陽院（泰子。父の忠実と親密であった）に対する差別が叙位についてみられなくもない。久寿二年十月二十三日の即位叙位について「新院御給叙せられざるは如何。高陽院御給沙汰無しと云々」と記され、十一月二十二日の大嘗会叙位についても「新院・高陽院沙汰無し。各の不快か」と記されていることなどが注目される。しかし、一方、即位叙位の崇徳の給分については十一月五日に遅れて行われており、また、大嘗会叙位の場合は鳥羽法皇の給分についても「御沙汰無し」であった。十二月五日の女叙位は「院宮御給例の如しと云々」と記され、均しく行われたようである（以上『兵範記』）。よって、差別が明瞭にみられるとは言えない。

(57)注7書四〇頁。

(58)注4書二一八頁。

(59)注4書二一八〜二一九頁。

(60)鳥羽殿については、杉山信三氏『院家建築の研究』（吉川弘文館、一九八一年）、城南文化研究会編『城南』（城南宮、一九六七年）参照。

鳥羽殿内の道路について、次の『兵範記』仁平三年十月十八日条の記事によれば、田中殿と金剛心院との間に「南大路」と呼ばれる道があったとみられる。

鳥羽東新御堂棟上なり。（中略）件の所は、馬場殿の北、田中新御所の南大路の南、往古の田中なり。この東新御堂は金剛心院と名付けられた（『兵範記』久寿元〈仁平四〉年八月七日条）。もしこの南大路がさらに

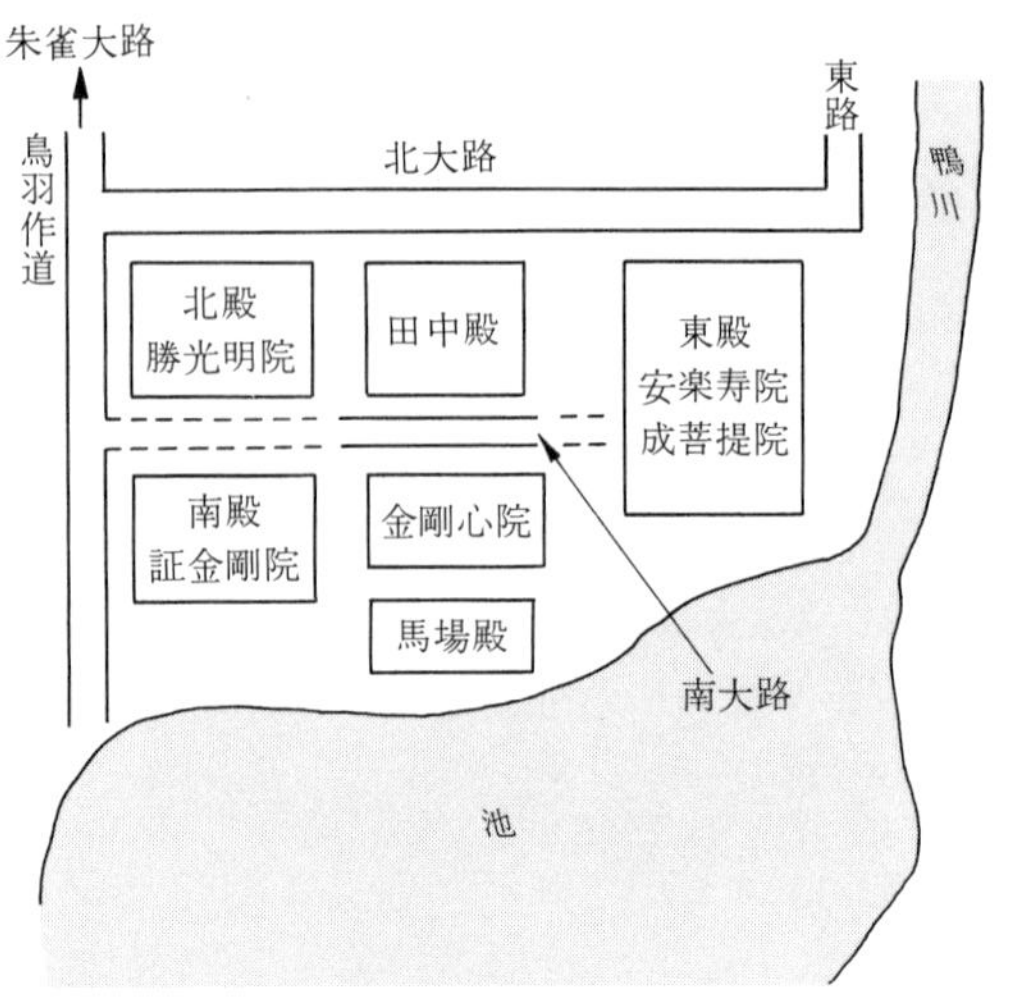

鳥羽殿概観図

西に北殿と南殿との間まで延びているならば、安楽寿院と南殿の間は、北大路に回らなくとも、南大路を通って直接に往来することができたことになる。おそらく崇徳はこの南大路を使ったのであろう。

(61) 以上の泰子入内問題と忠実勅勘問題については、拙稿「後三条・白河『院政』の一考察」（石井進編『都と鄙の中世史』〈吉川弘文館、一九九二年〉所収）を参照されたい。

(62) 後三条天皇の例は代表的である（注61拙稿参照）。

(63) 『百練抄』保延五年八月十七日・永治元年十二月七日条。

(64) 注4書二一三〜二一四頁。なお『今鏡』には、近衛は「内（崇徳）のみこ」（巻二八重の潮路）、「たうだい（崇徳）のみこ」（巻三男山）とされていたが、「みかどの御やしなひご（養子）例なきこととて、皇太弟とぞ宣命にはのせられ」たため、崇徳は「けふのぶべし（今日は延期してほしい）」と抗議したが、法皇に聞き入れられなかった（巻二八重の潮路）、とある。

(65) 注4書二一四頁の頭注一は、「皇太弟では、天皇の父として院政を行う事が出来ぬから」と説明するが、このような説明の仕方はいま一歩核心に及んでいないように思われる。事の本質は皇位継承問題にある。いわゆる「院政」は結果として生まれる政治形態であって、そのような政治形態それ自体が目標にされているわけではない。
(66)『本朝世紀』久安六年十二月一日条。『台記』同日条。雅仁（後白河）も践祚の時点において同じく三品であった。
(67)後白河は『梁塵秘抄口伝集』（巻十）において、崇徳御所に身を寄せることになった事情について、「久安元年八月廿二日、待賢門院崩ぜさせ給にしかば、火を打ち消ちて闇の夜に対ひたる心地して、昏れ塞がりて在りし程に、崇徳院の、新院と申し時、一つ所に朕が許に在るべきやうに仰せられしかば、」と述べている。
(68)橋本義彦氏『藤原頼長』（注22）は重仁について、「当時最も順当な皇位継承者とみなされていたと思われる」と指摘されている（一三五頁）。
(69)『古事談』は「人皆これを知るか」と述べ、「叔父子」説は貴族社会の周知の事実であるかのように記すが、これは疑問である。たとえば、『今鏡』（巻六雁がね）に次のような話がある（注6訳注書〈中〉五〇八～五一一頁）。

讃岐院（崇徳）の位の御時、十五首の歌人々に詠ませ給ひけるに、述懐といふ題を詠み給ふとて、

白河の流れをたのむ心をばたれかは汲みてそらに知るべき

と講ぜられける時、むしろこぞりて、あはれと思ひあへりけり。涙ぐむ人もありけるとかや。

この話は明らかに「叔父子」説とは全く無縁である。「叔父子」説など誰も知らない状況でなければ、この話は成り立たない。崇徳天皇在位の時期にはまだ「叔父子」説は知られていなかったとみなしえよう。その後においても、「叔父子」説は「人皆これを知る」ものではなかったように思われる。

なお、角田文衛氏『椒庭秘抄』（注52）は崇徳が白河院の実子であることの証明を試みられたが、妊娠期間の平均日数に含まれるプラス・マイナス十五日の数値を捨象して日数計算をする誤りがあり、又、仮定を出発点に置くなど、証明方法・手続きに欠陥が多く、その結論に従うことはできない。崇徳の実父は誰か、待賢門院と白河院の「密通」は本当にあったのか、などは「実証」の無理な問題である。

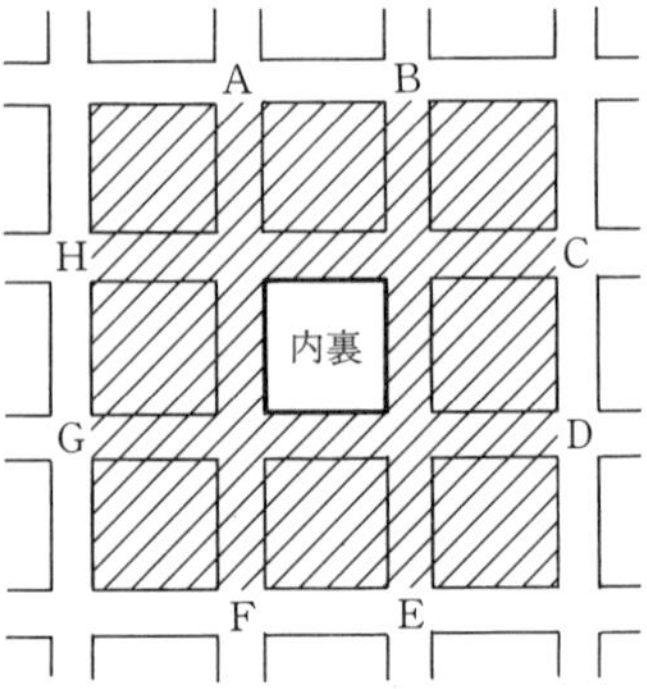

「陣中」（斜線の地域）

（70）拙稿「後三条・白河『院政』の一考察」（注61）参照。

（71）義朝・義康が「陣頭に参宿し、禁中を守護」したというのは、内裏（高松殿）の周辺に宿所を構え、内裏の四囲（「陣中」）の警備に従事したという意味である。いわゆる里内裏においては、内裏の周囲の三町四方内の地域は「陣中」と呼ばれ、大内裏に擬せられて、車馬の通行が禁じられた。この「陣中」については、飯淵康一氏「平安期里内裏の空間秩序について」（『日本建築学会論文報告集』三四〇号、一九八四年）が詳しく解明されている。それによれば、「陣中」に入る辻（図のA〜H）は「陣口」と呼ばれ、大内裏の宮城門（陽明門・待賢門など）に擬せられて、参内する者はここで下車した。「陣口」の一つは「陽明門代」とされる。

「陣頭」とは一般的に陣の付近の意味である。したがって、「陣口」も「陣頭」と呼ばれることはあるが（『中右記』寛治二年十二月四日条など）、最も多い用例は内裏外廓門に置かれる陣を指すものであり、里内裏の西門（右衛門陣。宜秋門に擬す）・東門（左衛門陣。建春門に擬す）などの門前が「陣頭」と呼ばれた。この場合の「陣頭」は「陣中」と重なり合っている。義朝・義康が「参宿」した「陣頭」とは、おそらくこの左右衛門陣のことを言い、彼らは高松殿の周囲の「陣中」に宿所を構えたのであろう。

付言すると、『侍中群要』巻八（御書使事）に、「了りて御書を取り退出す。陣中の間、小舎人に持たしめ前行す。門に至りて車に乗る」「了りて御書を取り、小舎人に持たしめ前立す。〈陣中若し上卿に相逢はば、更に御書を取りて直立す。（中略）〉陽明門に至りて車に乗る」とある。この「陣中」とは、陽明門より中、すなわち、大内裏の廓内の意味であることが明らかであり、以上に述べた「陣中」の用語に一致する。しかるに一方、同書巻十（所々別当事）に「陣中とは近衛の陣の内を謂う」と注記されているように、内裏の中の近衛陣について「陣中」「陣頭」の語を用いる例も多い。このように「陣中」「陣頭」の語は、内裏の外と内裏の内という相反する両方の意味に用いられるので、その区別に注意する必要がある。ちなみに『建武記』所載の「陣中の法条々」「陣中に於て制止を加ふべき条々」は、内裏の外周域としての「陣中」を対象とする法であるとみなされよう。

(72)「陣頭」についての前注参照。

(73)『中右記』大治四年七月十五日条。

(74)『中右記』大治四年閏七月三日条。

(75)『中右記』大治四年閏七月七日・二十五日条。

(76) 注4書二一七頁。

(77) 引用文中の「宗能」については、前注同頁頭注一九の校訂に従う。写本には「憲能」または「実能」とあり、「宗能」とあるものはないようであるが、この校訂に説かれているように、憲能は存在しない。また、実能はこのとき内大臣に在任しているから、「大納言かにてありけり」の文と齟齬する上、実能の生母は鳥羽法皇の乳母であり、「さまでの近習者にもなかりけれど」の文にもそぐわない。このとき（権）大納言の在任者は宗輔、伊通、宗能、成通、公教であるが、この中、宗輔と伊通は太政大臣に昇り、成通は大納言で終わった。内大臣まで昇進したのは宗能と公教であるが、公教は鳥羽法皇の近臣であり、「さまでの近習者にもなかりけれど」の文に合致しない。ゆえに、条件にすべて合うのは宗能のみである。「憲能」・「実能」は「宗能」の誤写とみなすのが妥当である。

(78) 法皇が死去時に北面の武士を美福門院に付けたことについては、『今鏡』（巻三虫の音）にも次のようにある。
　鳥羽の院うせさせ給し時は、きたをもて（北面）にさぶらひとさぶらふ下ろうどもかきたてゝ、院のおはしまさゞらんには、たしかに女院にさぶらへとてわたされ侍けり。

『愚管抄』は後に保元の乱を記述する中で、後白河方の内裏を「祭文かきてまいらせたる武士ども候て、警固してをわしましける」と述べている。美福門院に「祭文」を提出した武士が後白河方に結集したということから、(ロ)は法皇の危機対策であったとする解釈が生まれるのであろう。しかし、これは『兵範記』保元元年七月五日条の解釈と同じことである。内裏・鳥羽殿を警備していた武士が後白河方に参加したからといって、それが法皇自身の意思であったとは言えないのと同じく、「祭文」を提出した武士が後白河方に参加したからといって、そのような事態を法皇は予想していたと言うことはできない。

なお、(ロ)に「為義」とある点は問題である。源為義は一一五四年十一月に法皇の「勘責」により解官され、一一五六年もまだ「籠居」中の身であった(『台記』久寿元年十一月二十六日条。『兵範記』同日条・保元元年七月十日条)。しかも、彼は保元の乱において崇徳方に加担するのであり、その直前に美福門院の北面に祗候していたはずはない。したがって、この「為義」は誤記と考えられるが、『愚管抄』は保元の乱における為義の活躍を大いに注視しており、ここで為義の名を誤るのはまことに不審である。あるいは、美福門院が一一四九(久安五)年に院号を受けた折に、北面に祗候する武士として源為義や平清盛らが選任されたことがあったとすれば、そのことがここに語られているかとも考えられるが、叙述として不自然である。『保元物語』の記事とも合わせて検討されねばならないが、いまは問題点として残しておきたい。

(79) 美福門院が後白河天皇の「母后」の格に置かれたことは、たとえば、美福門院に対する後白河の朝覲行幸によって確かめられる。一一五七(保元二)年正月はまだ法皇の死による諒闇が続いていたため、朝覲は行われなかったが、一一五八(保元三)年正月には美福門院御所に後白河の朝覲行幸が行われた(『兵範記』保元三年正月十日条)。『今鏡』(巻三内宴)にも、かくて年もかはりぬれば、朝覲の行幸、美福門院にせさせ給。まことの御子にをはしまさねども、近衛の御門をはしまさぬよにも、国母になぞらへられてをはします。

とある。なお、後白河は譲位の翌年も年頭の挨拶に美福門院御所を訪れた（『山槐記』平治元年正月七日条）。

（80） 白河院の北面はその死後に待賢門院に付けられた（『中右記』大治四年閏七月二十五日条）。

（81） 法皇は死後の体制として、自らの占めていた地位を美福門院に継承させせようとした。これは故近衛こそが直系の天皇であるとする信念をあくまでも実現させたいという願いであろう。法皇の関心は専らこの一点に集中しているとみられる。それは従来の路線の延長である。

（82） 『愚管抄』引用文の(イ)の末尾の「さなしとても君も思召けん」の解釈は確定し難い点がある。「さなし」を鉤括弧に括って法皇の意思とみなし、「そのようなことはない、と法皇はお考えになられた」と解する可能性もあるかと思われるからである。この場合は、法皇は宗能の進言を受け容れなかったという文意になる。しかし、これは「……などや申たりけん」からの続き具合がぎこちなく感じられるのが難点であり、この解釈は採用しないのが妥当であろう。よって、今は普通の読み方に従い、「そのようなこと（宗能の諫言）がなくても、法皇も（同じことを）お考えになられていたのであろう」という意味に解しておくことにしたい。宗能の進言を俟つまでもなく、法皇は情況に危うさを感じ、その対策を講じる必要があることを認識していた、と『愚管抄』は述べていることになる。「思召けん」とあるように、それは慈円の推測である。日本古典文学大系本は「そうでなくてもこんな時にどんな事がおこるかも知れないと鳥羽院は思われたのであろう」と訳しており（注4書二一七頁頭注二二）、また、中島悦次『愚管抄評釈』（一九三一年）の解釈も同趣旨である。なお、『愚管抄』には「さなしとて」の用例がもう一つあるほか（注4書二三二頁四行目）、「さなくて」の用例もある（同書二九八頁九行目）。

（83） 摂関家の分裂が始まって以来、近衛天皇死去以前までの時期における公卿の動向を見ると、忠通の催す儀式の参加者と、頼長の催す儀式の参加者とは、明らかに分かれている。宗能や伊通・成通・重通などは忠通派であり、公教にもその傾向がある。対して、宗輔・公能・季成・忠雅・忠基・資信などは忠実・頼長派とみられる（ただし、後白河の践祚以後、彼らは忠実・頼長から離れた）。宗能については『兵範記』仁平二年五月十五日・仁平三年三月五日・六月二十一日条など参照。宗能は、聖子（皇嘉門院）が中宮、皇太后となるに伴い中宮権大夫、皇太后宮大夫に就任し、また、守仁の立太子に伴い春宮大夫に就任しており、これらにも忠通との親しさが示されている。なお、『今鏡』（巻六唐人の遊び）には宗能について、「わきの関白かなぞ、あざける人などもをはしけるとかや。おほかたは事にあきらかに、はか〳〵しくをはして、御さかしらなどもしたまへばなるべし」と記されているが、『愚管抄』の記事に照らして、何となく合点がいくようにも感じられる。

(84)　『兵範記』保元元年七月六日条。「左府、宇県に籠居すと雖も、件の親治を召し、京に住せらる《ママ》。尤も疑ひ有りと云々」とある。

(85)　『台記』久安六年九月二十六日条。

(86)　東三条殿は源義朝に「預」けられている。義朝は「陣頭に参宿し、禁中を守護」していたが（『兵範記』七月五日条）、東三条殿は内裏の北隣にあり、「陣中」に位置しているので（注71）、義朝がその警備を担当することになったのであろう。また、このとき邸内で修法を行っていた僧侶が逮捕されるとともに「本尊并に文書等」が没収され、謀反の容疑に利用された（八日条）。

(87)　忠実・頼長を失脚させることは、後白河にとっても勿論望ましいことである。それによって、崇徳が復権しうる可能性はきわめて乏しくなるからである。

(88)　後述するように、合戦突入の七月十日に内裏（高松殿）においてその決定に参与したのは忠通・基実父子であり、それ以外の公卿は誰も内裏に参入しなかった（本書八四〜八五頁）。

(89) 三日後の合戦の後、後白河天皇は忠通を氏長者に任じる宣旨を下した（『兵範記』保元元年七月十一日・十九日条。本書九三頁）。

(90) 橋本義彦氏『藤原頼長』（注22）一七九頁。

(91) 『本朝世紀』久安三年十一月十九日条に「前斎院白川。統子。」とあるように、「白川前斎院」は統子内親王（後の上西門院）である。統子の屋敷については、『吉記』寿永三年四月十五日条に春日河原がその屋敷跡であるとあり、白河北殿の西隣に位置したとみられる。

(92) 『保元物語』は、崇徳は九日の夜に統子内親王の屋敷に入り、十日にそこから北殿に移ったとする。『兵範記』保元元年七月十一日条に「白川御所等焼失し畢ぬ、斎院御所并びに院北殿なり。」とあるように、合戦において、北殿も攻撃目標になった。

(93) 『百練抄』平治元年三月二十二日条。

(94) 白河殿については杉山信三氏『院家建築の研究』（注60）参照。

(95) 保元元年閏九月八日後白河天皇宣命（『石清水文書一』一九号）に崇徳は「洛東の旧院に幸し」たとある。「旧院」とは北殿の主は故鳥羽法皇であるという意識の表現であろう。『百練抄』（注93）には「讃岐院（崇徳）御所」とあるが、それはこのとき一時的に占拠した事実をいうものと解したい。『兵範記』保元元年七月十五日条に「新院御在所」とあるのも同じ意味であろう。

(96) 保元元年の夏至は五月二十七日であるから、七月十日は夏至から四十二日後になる。これは現行暦の八月三日前後に当たる。このころの京都の日没は午後七時ごろであるので、この時刻を「晩頭」に当てることができる。

(97) 『愚管抄』には「悪左府は宇治にをわしける、（中略）夜半に宇治より中御門御所へまいられにけり」とあり、崇徳と頼長が同一時刻に白河殿に集合したかのように説くが、これは『兵範記』に照らして誤りである。なお、この

「中御門御所」は白河北殿を指す。

(98) 京(東三条殿)と宇治の間の移動時間は、平常は六時間ほどであるから(『台記』久寿二年十月二十六日条)、急げば四時間もあれば着くであろう。したがって、頼長は十日午後三時ごろに宇治を出発したとみられる。崇徳の行動開始から半日以上も遅れたことになる。

(99) 注4書二一九頁。

(100) 『兵範記』仁平二年十一月十五日・久寿二年七月二十四日・保元元年二月五日条。

(101) 上横手雅敬氏「院政期の源氏」(御家人制研究会編『御家人制の研究』〈吉川弘文館、一九八一年〉所収)。

(102) 『兵範記』久寿元年六月二十四日条など。

(103) 『兵範記』久寿元年十一月二十六日条。

(104) 『愚管抄』は、「さて為義を、宰相中将教長としごろの新院の近習者也、それしてたび〳〵めして、為義すぐに新院へまいりぬときこゑて、子二人ぐしてまいりにけり。四郎左衛門よりかた・源八ためともなり」と伝えている。

(105) 『兵範記』仁平二年八月十四日条など。

(106) 頼憲は多田源氏であるが、後述するように、彼と対立していた頼盛が多田源氏の大勢を掌握して後白河方に参加した(本書七九頁)。頼憲に従う者はごくわずかであったとみられる。

(107) 注4書二二〇頁。

(108) 頼長方として名の見える源親治や檜垣冠者は大和国の武士であり、また、合戦後には「悪僧を発遣」しようとしたとの容疑で興福寺僧の所領没収を命じる官宣旨が下されている(『兵範記』保元元年七月十一日条)。忠実はこのとき奈良に逃亡した。忠実・頼長方は興福寺と大和の武士を頼みとしていたとみられる。

(109) 『愚管抄』の伝える為義の発言は次の通りである(注4書二二〇頁)。

為義は新院にまいりて申けるやうは、「むげに無勢に候。郎従はみな義朝につき候て、内裏に候。わづかに小男二人候。なにごとをかはし候べき。この御所にてまちいくさになり候ては、すこしも叶候まじ。いそぎ〳〵てただ宇治にいらせをはしまして、宇治橋ひき候て、しばしもやさゝへられ候べき。さ候はずば、ただ近江国へ御下向候て、かうかの山うしろにあて、坂東武士候なんず、をそくまいり候はゞ、関東へ御幸候て、あしがらの山きりふさぎ候なば、やう〳〵京中はゐたゝへ候はじ物を。東国はよりよし・義家がときより、為義にしたがはぬもの候はず。京中は誰も〳〵ことがらをこそうかゞい候らめ。せめてならば、内裏にまいりて、一あてして、いかにも成候はゞや。」と申しけるを、（後略）

為義の発言の主旨は、白河殿で「待ちいくさ」になっては必ず敗北する、よって、急ぎ宇治に移動しなければならない、ということにある。それに続いて近江や関東への退却案を述べるが、もとより崇徳や頼長がこれに納得するはずもなく、京の合戦に勝ち目はないことを強調するための話であろう。現実的には宇治案しかない。したがって、為義は最後に捨て台詞のように、「いっそのこと内裏を攻めて討死しようか」と言うのであろう。

(110) 『愚管抄』は白河殿における作戦会議の模様を詳しく述べているが、それがどれほど信頼できるのか、問題はあろう。ただし、合戦後に逮捕された藤原教長や藤原成隆らは取り調べを受け、その尋問調書が作られている（『兵範記』保元元年七月十四日・十五日条）。特に教長の調書が重要であろう。『愚管抄』の基になった情報の由来は、この調書にあるとみたい（本書九七～九八頁）。

(111) 『台記』久寿二年八月十五日条。鳥羽法皇は美福門院に鳥羽南殿と鳥羽北殿、および白河の宝荘厳院・得長寿院を譲った。

(112) 人馬は内裏はもとより、その周囲の「陣中」には入れないので（注71）、軍勢は内裏から周囲一町以上離れて集合したと思われる。

（113）『愚管抄』に次のようにある（注4書二五一頁）。
保元の乱にも、頼盛が母が新院の一宮をやしなひまいらせければ、新院の御方へまいるべき者にて有けるを、「この事は一定新院の御方はまけなんず。勝べきやうもなき次第なり」とて、「ひしと兄の清盛につきてあれ」とおしへて有ける。

なお、一一五九年の平治の乱において、源頼朝は頼盛母の懇望によって助命されることになるが、これが許されたのは、保元の乱における頼盛の帰参が高く評価されていたためではなかろうかと推測される。
（114）朝餉間《あさがれいのま》のこと。天皇は人と会うときにしばしば朝餉間を用いた。ただし、清盛と義朝はその前庭に座したと思われる。義朝は合戦後に「勲功の賞」として昇殿を許された（『兵範記』保元元年七月十一日条）。
（115）時刻の推定については注96参照。
（116）『愚管抄』は頼政、重成とともに源光保の名をあげている。
（117）注71。
（118）頼盛が多田源氏であることは橋本義彦氏『藤原頼長』（注22）に指摘されている。頼盛と頼憲の対立については『本朝世紀』仁平三年閏十二月一日条参照。
（119）暁は夜明け前のまだ暗い時刻をいう。「鶏鳴」に「あかつき」の訓がある（『日本国語大辞典』『時代別国語大辞典・上代編』『角川古語大辞典』の「あかつき」「あかとき」「鶏鳴」の項）。
（120）信西・義朝が忠通に出動命令を要求したことが『兵範記』に書かれていないのは、信範がこの時刻に東三条殿に行き、内裏を留守にしたためであろう。
（121）『北山抄』（九行幸）に輦中に「上﨟次将」が「璽筥」を置き、内侍が「御剣」を置いたのち天皇が輿に乗るとあるが、実例では近衛中将が剣璽両方の役を務めることもある（『兵範記』久寿二年七月二十四日条など）。

(122) 実能が東三条殿に参入したのは、女御忻子（実能の孫）の行啓に付き添うためであろうかと推測される。

(123) 『帝王編年記』（後白河院）保元元年条にも「法性寺関白已下の大臣」が「内裏高松殿に候」じたとある。橋本義彦氏は「内裏には関白忠通以下の大部分の廷臣が参入した」と述べておられる（『藤原頼長』〈注22〉一六九頁）。私自身も拙稿「朝廷・幕府体制の成立と構造」（水林彪他編『王権のコスモロジー』〈弘文堂、一九九八年〉所収）において、『愚管抄』の誤りに気付かず、実能・公能らが同席していたとみなし、「忠通等上流貴族」が信西らに突き上げられたと書いた。ここにその誤りを訂正する。内裏に忠通父子以外の公卿は誰もいないという情況の認識は、保元の乱の理解にとってきわめて重要である。

(124) 本書六八頁。教長は前参議で、崇徳の側近である。教長は崇徳の長男重仁親王の生母（兵衛佐）を猶子としていた（『吉記』寿永三年四月十五日条）。

(125) 『愚管抄』にも「御方の勢はかりなければ、をしまはして火かけてければ」とある。

(126) 『保元物語』にも「寅剋より始たる合戦」とある。

(127) 頼長が負傷した状況について、『百練抄』には「左大臣頼長、騎馬脱出の間、流れ矢に中る」とある。『愚管抄』には二つの説が記されている。一説は『百練抄』と同じく、馬に乗って逃げる途中、矢が顔面に当たったとするもので（注4書二二二頁）、

左大臣はしたはらまき（下腹巻）とかやきて、をちられけるを、誰が矢にかありけん、かほにあたりて、ほうをつよく射つらぬかれにければ、馬よりをちにけり、

とある。他方、慈円は仲行男子なる者の目撃証言を聞き取り調査しており、それによれば、負傷したのは白河殿の中で、矢は耳の下に当たったという（注4書二二二～二二三頁）。

こまかに仲行が子にとい侍しかば、「宇治の左府は馬にのるにをよばず、戦場、大炊御門御所に御堂のありけ

るにや、つまどに立そいて事をおこないてありけるに、矢のきたりて耳のしもにあたりにければ、門辺にありける事に蔵人大夫経憲と云者のりぐし申て、(後略)」と申けり。

ここに「大炊御門御所」とあるのは白河北殿である。『愚管抄』は白河北殿を中御門御所とも呼んでいるが、大炊御門御所と中御門御所とは単なる別称であるのか、あるいは白河北殿の中の別の建物を指すのかは分からない。

(128) ただし、『保元物語』には清盛・為朝・義朝の従者五人の戦死が記されている。そのほか負傷者もあり、大庭景能は為朝に膝を射られたという(『吾妻鏡』建久二年八月一日条)。

(129) 『保元物語』に崇徳は「東門」から出たとある。なお、為義の住所とされる円覚寺は北白河である(杉山信三氏『院家建築の研究』〈注60〉五一五～五一九頁参照)。

(130) 前例としてふさわしいのは、平城上皇と嵯峨天皇が対立した弘仁元年の政変(八一〇年)である。『日本後紀』弘仁元年九月丁未条によれば、嵯峨天皇側は出兵を決定したその日に、「宮中戒厳」の措置をとった。しかし、残念ながら、その「戒厳」の具体的内容が伝えられていない。また、恒貞皇太子が廃された承和の変(八四二年)の場合、仁明天皇は冷然院に移っているが(『続日本後紀』承和九年七月乙卯条)、これもそれ以上の詳しいことは分からない。

なお、東三条殿が移動先に選ばれたことに何らかの特別な理由があるのかどうか、東三条殿の没収が強行された直後であるだけに、この点も気になるが、おそらく特別な理由はないものとみなしたい。単に高松殿の北隣にあるという便利さのためではなかろうか。

(131) 『百練抄』保元元年七月二十四日条。

(132) 『兵範記』保元元年七月十三日条。

(133) 『兵範記』保元元年七月二十三日条。

(134) 保元元年閏九月八日後白河天皇宣命（注95）において崇徳は「太上天皇」と呼ばれている。また、『兵範記』保元元年七月二十七日条所載の蔵人口宣にも「太上天皇」とあり、同月二十三日条にも「入道太上天皇」とある。
(135) 事件の関係者が次々に死去した後も、崇徳の帰京はついに認められることはなかった。それは後白河の意思によるとみるほかはなく、ゆえに、遡って、崇徳の流罪そのものを後白河の意思によるものとみなすのが妥当であろう。
(136) 『兵範記』保元元年七月十一日条。
(137) 『兵範記』保元元年七月十一日条。『兵範記』は、

此の例未曾有の事なり。今度新儀出来す。珍重極まり無しと云々。

と記し、忠通周辺がこの「新儀」を歓迎した雰囲気を伝えている。傍線の「出来」について説明すると、この二字を『兵範記』刊本（注2）は「尤未」に読むが、写真版によれば「尤」は「出」と見る方がよさそうである。よって「出未」となるが、「未」字を「来」の誤写とみなし、「出来」に解した。なお、この時点から頼長は「前長者」と記されている。
(138) 『兵範記』保元元年七月十一日条。
(139) 『兵範記』保元元年七月十五日条。法成寺盂蘭盆会に関わり、「但し、関白殿未だ長者の事を行はしめ給はず」とある。
(140) 『兵範記』保元元年七月十九日条。
(141) 『兵範記』保元元年七月二十一日条。『愚管抄』も忠実は「対面にをよぶまじ」と答えたと伝える。なお、『愚管抄』の所伝には頼長は船中で死んだとするなど、異なる点もみられる。
(142) 『兵範記』保元元年七月十五日条。
(143) 『兵範記』保元元年七月十七日・十八日・二十日条。

（144）『兵範記』保元元年七月十七日条。同書十八日条所載綸旨にも、「左大臣及び入道前太相国、国家を危め奉らんと謀る罪科軽からず。謀反・八虐の人、田宅資財没官すべき由、律条に載する在り」とある。

なお、この時点では後白河方はまだ頼長の死去を確認していないので、「左大臣」と表記されている。頼長に対する解官の処分はなされなかった。後白河方が頼長の死去を知ったのは二十日ごろらしく、確認したのは二十二日である（『兵範記』保元元年七月二十一日・二十二日条）。忠実は十五日書状では頼長の死去を知らせなかったようである。忠実は頼長について一切関知しない（「知り食さず」）という態度をとったのであろう。頼長は死去を確認されて以後、「前左大臣」と呼ばれている（『兵範記』保元元年七月二十七日条）。

（145）橋本義彦氏『藤原頼長』（注22）は、忠実の謀反罪は確定されなかったとみなされているが（一七六〜一七八頁）、従いえない。

（146）『兵範記』十七日条所載綸旨に「抑も関白、氏長者に補され了んぬ。長者摂る所の庄園に於ては此の限りに在らず」とある。

（147）『兵範記』十八日条所載綸旨に「宇治所領及び平等院等の事、永く入道相国の沙汰を停止し、一事已上、殿下知行せしめ給ふべし」とある。

（148）橋本義彦氏『藤原頼長』（注22）二〇七〜二一七頁参照。頼長領荘園として没官された二十九ヵ所について（『兵範記』保元二年三月二十九日条）、それらは頼長が氏長者になる以前に忠実から譲られた荘園や、同じくそれ以前から頼長が領有していた荘園、および頼長自身が寄進を受けた荘園などであることを指摘されている。

（149）『兵範記』保元元年七月二十日条。

（150）『愚管抄』（巻七）に「法性寺殿（忠通）はわがをや（親）なれば、流刑のなきこそそまう（所望）の事とをも（思）はれたりけるにや」とある（注4書三三九頁）。

(151)『今鏡』巻八腹々の御子（注6訳注本〈下〉三四四頁）。

(152)頼長に仕えていた藤原成隆（皇后宮権亮）の自首と取り調べについては、『兵範記』保元元年七月十四日・十五日条にみえる。『兵範記』が成隆について詳しく記すのは、記主（平信範）の姉妹が成隆の妻であったからであろう（『尊卑分脈』）。なお、成隆が取り調べを受けた場所は、十四日条に「内裏陣頭〈西御蔵町〉」とあり、十五日条には「西内膳辺」とある。おそらく両者は同じ場所であり、高松殿の西側の隣町（「陣頭」）が御蔵町となっていて、そこに内膳屋があったのであろう。同様の例に、一〇九四（嘉保元）年の内裏大炊殿の場合、大炊殿の東隣の町が「御倉町」で、そこに「内膳屋」が建てられた（『中右記』嘉保元年十一月三日条）。「陣中」「陣頭」については注71を参照されたい。

(153)『兵範記』保元元年七月十四日・十五日条。

(154)『保元物語』には教長を弁護するような記述がしばしばみられる。それは教長調書の痕跡であろう。

(155)『兵範記』保元元年七月二十七日・八月三日条。保元元年閏九月八日後白河天皇宣命（注95）にも「兼長朝臣以下十三人をば、一等減じて遠流の罪に治せ賜ふ」とある。

(156)『兵範記』保元元年七月十一日条。義朝の官が下野守であるため、官宣旨は下野国宛てになっているが、実際の捜索地域は京近辺である。

(157)名例律自首条（逸文）に「縁坐の罪、及び謀叛以上の二等親、捕告すと雖も、倶な自首の例に同じ」とあり、これによれば、「捕告」により縁坐を免れることが可能になろう。ここには「二等親」とあり、一等親の父子関係には適用されないように解されるが、あるいはこれを一等親にまで拡張解釈したものであろうか。

(158)『兵範記』保元元年七月十三日・十六日条。

(159)『兵範記』保元元年七月二十八日・三十日条。二十人という被処刑者の数は、次注の宣命による。被処刑者の名簿は『兵範記』と『帝王編年記』に載せられているが、両者とも十八人しか記載せず、しかも両者に共通する人名は十五人で、片方にのみ見えるのが六人であり、計二十一人となって一人合わない。

(160) 保元元年閏九月八日後白河天皇宣命（注95）。

(161) 平家弘らの父である正弘は流刑に減じられている。『愚管抄』『保元物語』は正弘も白河殿（崇徳方）に参集したと記すが、『兵範記』には正弘の名は見えない。おそらく、正弘は白河殿に行かず、戦闘に参加しなかったために減刑されたのであろう。なお、源為朝（為義男子）は八月末に捕縛されたが（『兵範記』保元元年八月二十六日条）、彼は戦闘参加者であるにもかかわらず、流刑に処されたとみられる（『尊卑分脈』『保元物語』）。その理由は分からない。

(162) 注4書二二一頁。「日いだしたりける紅の扇」とは金色の日輪が描かれた修羅扇と呼ばれるもので、合戦に用いられた。『蒙古襲来絵詞』（下巻）の石築地の場面に、並み居る武士の手にこの紅地の修羅扇が描かれている。なお、同書（上巻）の博多息の浜の場面で武藤景資が手に持つ修羅扇は紺地であり、一部に紅を交えている。

(163) 本項の記述は、拙稿「朝廷・幕府体制の成立と構造」（注123）の「武士のアイデンティティー」の項（五七～五八頁）を書き改めた。

(164) 保元三年八月十一日、二条天皇の受禅に先立ち、基実は関白に任じられた。この関白交替の後、忠通より基実に「長者印」および「庄牧渡文并朱器目録文」などが渡されている（『兵範記』保元三年八月十一日条）。今回の関白交替は父から子への「譲」の形が復活したので、それに伴い、氏長者の地位は、摂関家内部の行事として忠通から基実に相続された。保元の乱において氏長者が宣旨によって任命されたのは、非常時における緊急の例外措置であり、平時に戻れば、再び旧来の伝統に復帰することになる。

(165) 五味文彦氏「信西政権の構造」（青木和夫先生還暦記念会編『日本古代の政治と文化』〈吉川弘文館、一九八七年〉所収)。

(166)『兵範記』保元三年四月二十日・二十一日・二十六日・六月二十六日条。一方の信頼は事件の半月後に従三位に昇叙された(『兵範記』五月六日条)。

(167)二十歳代で権中納言に昇る例は、摂関・内覧の子息以外にもないわけではない。これ以前に公能(二十七歳)、忠雅(二十五歳)、実定(二十歳)がおり、以後にも実国(二十六歳)、平重盛(二十九歳)、宗家(二十八歳)らがいる。しかし、これらはいずれも父の官位が高いのに対し、信頼の父(忠隆)は従三位の非参議にすぎなかった。信頼の昇進が異常であることに間違いはない。

(168)『桃花蘂葉』(胡曹抄)に「広季記。平治元年七月一日、六条摂政、信頼の妹を迎へ給ふ」とある(高群逸枝『平安鎌倉室町家族の研究』〈一九八五年、国書刊行会〉二二〇頁参照)。

(169)拙稿「朝廷・幕府体制の成立と構造」(注123)。大臣に昇進しうる家格(清華家・大臣家)の形成は、一一四九年の藤原実行以来、大臣就任者が続出したことが大きな動因になった。公教の後にも公能(一一六〇年)、宗能(一一六一年)らの大臣昇進が続いている。

(170)『兵範記』保元二年十月十一日条。

(171)『公卿補任』保元元年実能項。『尊卑文脈』公教項。

(172)公教と公能はそれぞれ左近衛大将と右近衛大将を兼ねており、二人は実質的に主導的地位を占めつつあった。季成は五十八歳になるが、権大納言であり、その席次は公能の下である(『公卿補任』)。

(173)藤原経宗は二条天皇の生母(懿子)の兄で、後白河譲位の日に、藤原信頼とともに真っ先に後白河上皇の院司に補された(『兵範記』保元三年八月十一日条)。藤原惟方は後白河天皇のもとで蔵人頭を勤め、後白河譲位の前日に参議に昇進し、院別当になった。

(174) 白河「院政」については拙稿「後三条・白河『院政』の一考察」(注61)を参照されたい。鳥羽「院政」については本書第一部に述べた。

(175) 摂関家の弱体化は一時期の現象ではなく、永続化することになった。摂関家は一一六〇年代に忠通の死に続いて、基実も二十四歳の若さで死去するという不運に見舞われた。そのため、一家・一系の体制が確立せず、摂関家には分裂、分立の動きが続くことになる。摂関家がついに往年の権威を回復しえなかったことは、一一八〇年代内乱が生起する要因の一つとして捉えられるべきであろう。

(176) 信西の事蹟と関係史料については、櫻井秀「藤原通憲入道信西」(『歴史地理』三四巻三・五・六号、一九一九年)、岩橋小彌太「少納言入道信西」(『国学院雑誌』六〇巻六号、一九五九年)を参照されたい。

(177) 『今鏡』すへらきの下三(をとめの姿)(注6訳注書〈上〉四九五頁)。信頼を退けるよう信西が後白河に諫言したという話が貴族の中に伝承されていたことは、周知のごとく、『玉葉』寿永三年三月十六日・建久二年十一月五日条の記事にみえる。

(178) 注4書二二六頁。

(179) 『今鏡』すへらきの下三(内宴)(注6訳注書〈上〉四八四頁)。譲位の日付は八月十一日が正しい。

(180) たとえば、平治改元(保元四年四月二十日)は後白河上皇の指揮・承認によって決定されている(『改元部類』〈『続群書類従』十一輯上一九三～一九四頁〉)。

(181) 黒板勝美『更訂国史の研究・各説上』(岩波書店、一九三二年)、龍粛「後白河院の治世についての論争」(注50)など。黒板は次のように述べている(三六四～三六五頁)。

一時信西の勢力は凄じいものであつた、ついで保元三年天皇御譲位、東宮守仁親王(二条天皇)受禅遊ばされしが、萬機は上皇に決し、三たび院政の世となつた。(中略)また二条天皇と外戚の関係ありし大炊御門経宗や、天皇の乳母の子にして、信頼の叔父に当れる藤原惟方も天皇の親政を望んで居り、同じく信西を除かんとして信頼に党した。

(182) 本書一〇二頁。

(183) 高倉三位局の名は普通「成子」といわれるが、『山槐記』永暦二年四月十六日条には「季子」とある。

(184) 季成の存在はあまり目立たないが、権中納言に十四年在任した後、一一五六(保元元)年九月に中納言、翌一一五七年八月に権大納言に昇進した。男子の公光は一一五八年四月に参議に昇進している(二十九歳)。季成は一一六〇(永暦元)年四月に辞官し、公光を権中納言にした。季子は一一五七年に女子を産んでおり、後白河の妻として健在であった。季子には美福門院が「准母」となっている(『仁和寺御伝(心蓮院本)』喜多院御室〈『仁和寺史料 寺誌編二』所収〉)。

(185) 『仁和寺御伝(顕証書写本)』喜多院御室(『仁和寺史料 寺誌編二』所収)。

(186) 『平治物語』にも事実関係に関わる多くの別伝を見るが、その異同については必要な限り注記するに留めたい。

(187) 『百練抄』平治元年十二月九日条。

(188) 注4書二二六〜二二八頁。

(189) なお、『平治物語』の場合は、後白河が信西に命じて信頼を殺害させようとしたため、信頼は後白河・信西に対して謀反を起こした、というのがその筋立てである。陽明文庫本に信頼の後白河に対する発言として、「信西が讒によつて誅せらるべきよし承候あひだ、かいなき命をたすけ候はんとて、東国がたへこそまかり下候へ」(新日本古典文学大系本一五五頁)とあり、金刀比羅宮本にも「信頼を討べき者あるよし告知する者候間」(日本古典文学大系本一九四頁)と、同じ趣旨が語られている。ともに信頼方は三条烏丸殿に放火したとする。

(190) 注4書二二八頁。

(191)『愚管抄』の文の「北のたいの縁の下に入てありけるが」は挿入句であり、「たゞやけ死んと思て」と「見まはしけるに逃ぬべくて」とが直接つながると解釈したい。このように文の途中に挿入句が割って入る形は、『愚管抄』に頻繁にみられる。

(192)『百練抄』のみならず、『帝王編年記』(二条院)平治元年十二月九日条にも「放火」とある。

(193)注4書二二八頁。

(194)本頁引用文。

(195)『愚管抄』には「大和国の田原と云方へ行て」(本書一二〇頁引用文)とあるが、「大和路」の誤りであろうか。『平治物語』は山城国の宇治田原とする。

(196)『尊卑分脈』通憲項。

(197)『愚管抄』にも「わたしなんどしけり」(本書一二一頁引用文)とある。

(198)師光(西光)の母は信西の乳母であったという(『玉葉』承安三年三月十日条)。彼は元々「侍の子」で、「勅定」により藤原家成(中納言)の子にされたといわれ、信西の「家従」とも記されている(『尊卑分脈』)。後に後白河上皇の側近に仕え、一一七七(治承元)年に清盛によって殺害された。

(199)注4書二二八〜二二九頁。

(200)武士は合戦の場でよく自殺することがある。それは敵と戦ったまま討死すると、臨終の念仏を唱えることができず、浄土往生が適えられない危険が大きいからである。そこで敗北を覚悟すると、戦闘を止め、一心に念仏を唱えつつ、刀を自身に刺して自殺を遂げた。あるいは同輩と刺し違えたり、従者に刺させることも多い。これは集団自殺の形に発展した(宝治合戦の三浦一党、霜月騒動の安達一党、平頼綱一党、番場における六波羅勢、湊川における楠木正成一党などの滅亡)。かかる自殺は、浄土往生は最期の一念にかけられているという信仰に基づいており、浄土往生のための作法の一つとして認められていた。

(201) 『平治物語絵詞』には信西の首が獄舎の門の屋根の楝木に掛けて描かれているが、松岡映丘『絵巻物講話』(日本美術学院)は「画家が漢字で書かれてあつた『楝(あふち)の木』を『棟(むね)の木』と誤り読んだ」ためであろうという解釈を示している。ただし、「あふち」の字は「棟」ではなく、「楝」に訂正されねばならない。

(202) 著名な話を一例あげると、『平家物語』巻四の源頼政の最期がある。頼政は「西に向ひ、高声に十念唱へ、最後の詞」の和歌を詠み、「太刀のさきを腹につき立て」自殺したが、その後、従者が彼の首を切り取り、石にくくり付け、宇治川の底に沈めたという。また、頼政の子仲綱も自殺し、従者がその首を取り、平等院の床下に投げ入れたという(『新日本古典文学大系　平家物語〈上〉』二四六～二四七頁)。

(203) 『百練抄』永暦元年正月九日条。

(204) 『尊卑分脈』重成項。

(205) 注4書二二八頁。

(206) 梟首の例については『古事類苑』法律部・上編・死刑(法律部一、二四一～二五六頁)参照。

(207) 『平治物語』陽明文庫本に「(信頼等は後白河を)一品御書所におしこめたてまつる」、「院内をとりたてまつり、一品御書所に押しこめたてまつる」、「主上のわたらせ給べき朝餉には右衛門督(信頼)住て、君を黒戸の御所にうつしまいらせ」、「(信頼は)ひとへに天子の御ふるまひの如なり」(新日本古典文学大系本一五五・一六〇・一七四・一七五頁)とあり、同金刀比羅宮本に「(後白河を)一品の御書所に打籠たてまつる」、「主上・上皇の押籠られさせ給へる御ありさま」、「主上は何にわたらせ給ふぞ、黒戸御所に、(中略)朝餉には信頼の候へば」(日本古典文学大系本一九五・二一二・二一一頁)とある。

(208) 注4書二二九頁。

(209) 注4書二三二頁。

(210) 『平治物語』金刀比羅宮本に信頼は「大臣の大将を兼たりき」(日本古典文学大系本一九六頁)とあるが、そのような事実はない。

(211) 『愚管抄』に「男・法師の子ども、数をつくして諸国へながしてけり」(注4書二二九頁)とある。

(212) 『公卿補任』仁安元年成範(信西三男)項・承安四年脩範(信西五男)項参照。

(213) 新日本古典文学大系本一六〇頁。『平治物語』金刀比羅宮本は、藤原惟方が信西の首を実検し梟首を決めたことについて、「天気にて候」(日本古典文学大系本二〇一・二一一頁)と語る一方で、「朝敵にあらざれば、勅定にもあらず」(同二〇一頁)とも述べ、一貫しない。ただし、陽明文庫本にも信西を指して「朝敵にあらざる人」(新日本古典文学大系本一六五頁)という発言がある。

(214) 注189および注207。

(215) 『百練抄』永暦元年六月十四日条。

(216) 『尊卑分脈』。薩摩国に向かう途中、摂津国川尻で殺されたという。

(217) 注181。

(218) 注4書二三一頁。

(219) 引用文はこの後、「そゝやきつゝやきつゝ」(経宗・惟方は藤原公教と意を通じた)と続く。本書一三八頁参照。「信頼同心のよしにてありけるも」は挿入句として読み、「主上にはつきまいらせて」は「そゝやきつゝやきつゝ」に直接繋げて読むのが分かりやすい。経宗・惟方は、九日事件では信頼を支持したが、二十五・六日事件では二条天皇の側近として、公教と意を通じた、という意味になる。

(220) 注4書二三八頁。

(221) これに関連して、『愚管抄』には事実誤認も生まれている。たとえば、二十五・六日事件において後白河は六波羅に行ったとするような誤りは（注4書二三三頁）、この時点における後白河と二条の対立の発生という認識が欠けているため生じたものと考えられる。後白河が六波羅行きを避ける事態は想像できなかったのであろう。

(222) 経宗は権大納言で四十一歳であり、信頼は権中納言で二十七歳である。

(223) 信西男子（俊憲ら）が一一六〇（永暦元）年二月に流罪を赦されたことは、信西の名誉回復を意味している。他方、信頼男子（信親）に対しては、一一七〇年になっても流罪が執行された（『兵範記』嘉応二年五月十六日条）。

(224) 注4書二三〇〜二三一頁。

(225) 拙稿「朝廷・幕府体制の成立と構造」（注123）は保元の乱と平治の乱について、「この二つの事件には共通する一つの特徴がある。それは上流貴族の動向がほとんど語られないことである。彼らの存在感は希薄であり、（中略）上流貴族の姿勢はおよそ消極的で、特に、平治の乱にはほとんど無関係であったといってよい」と述べたが、これはまったくの事実誤認である。この部分の記述を撤回する。

(226) 本書二〇頁。

(227) 注4書二三〇頁。

(228) 同前。清盛のもとに「かくりき（脚力）はしりて、『かゝる事京に出きたり』と告ければ」、清盛は「こはいかゞせんずる、と思ひわづらひ」、「つくしざまへや落て、勢つくべきなんど（九州に逃げて軍勢を集める）」の意見も出されたという。第一報は清盛自身が身の危険を感じるような情報であったのであろう。清盛は、湯浅宗重に「たゞおはしませ。京へは入れまいらせせなん」と言われて、帰京を決意したという。清盛に正確な情報を伝えたのは宗重ではなかろうか。

(229) 『愚管抄』に「清盛、熊野より帰て、なにとなくてあれば、一定、義朝も信頼もけふ〳〵と思ふ様共おほからん」

（注4書二三一頁）とある。『愚管抄』は、清盛が信頼に接触をとらないため緊張が高まったという見方である。

(230) 注7書九二頁。この引用文の後には、信親の供をした四人の侍（清盛の家人）の立派さを義朝が誉めた、という話が続いており、それが『古事談』の話の主旨である。

(231) 信親はこのとき五歳であった。十一年後の一一七〇（嘉応二）年になって、成人した彼は父の縁坐により、伊豆国に流罪にされている（注223）。『平治物語』にも信親は清盛の婿であるとの指摘がある。

(232) 『愚管抄』は、二十五日の朝、清盛は「名簿」を信頼に提出して信頼を安心させた、という話を記している（注4書二三一〜二三二頁）。この話を否定する必要はないが、信頼と清盛とは以前から良好な関係にあったことを確認しておきたい。なお、『愚管抄』はこの「名簿」は公教が書いたとの説を記しているが、信頼が公教の筆跡であると知れば疑念を抱くはずであり、この点に不審がある。

(233) 『愚管抄』に、「（信西は）当時の妻のきの二位が腹なるしげのりを、清盛がむこになしてけるなり」とある（注4書二二七頁）。

(234) 『平家物語』（一吾身栄花）に清盛女子について、「一人は桜町の中納言重教（成範）卿の北の方にておはすべかりしが、八歳の時、約束計にて、平治の乱以後ひきちがへられ、花山院の左大臣殿（藤原兼雅）の御台盤所にならせ給て」（『新日本古典文学大系　平家物語〈上〉』一五頁）とある。成憲は流罪に処された（注279）。

(235) 注4書二三一頁。

(236) 『兵範記』保元二年五月二十九日条。

(237) 注4書二二六〜二二七頁。この見解は黒板勝美『更訂国史の研究・各説上』（注181）をはじめ、現在も平治の乱の通説である。

(238) 注4書二三〇頁。

(239) 黒板勝美『更訂国史の研究・各説上』(注181)は、清盛が熊野参詣に出たのを好機として信頼・義朝は挙兵したとも説くが、従いえない。

(240) 清盛は一一三五(保延元)年に従四位下に昇り、このとき正四位下である。義朝は一一五七(保元二)年に正五位下に昇ったが、二人の差は歴然とし、四位の壁は厚かったから、義朝が四位昇叙をはたした意味は大きい。また、播磨国は、平忠盛(清盛の父)が一一四五(久安元)年から一一五一(仁平元)年まで播磨守に在任し、その後は藤原忠実の知行国になった(守は源顕親)。しかるに保元の乱によってこれは没収され、清盛が播磨守に任じられた。次いで守は藤原成憲(信西の子)に替わったが(一一五八〈保元三〉年)、九日事件でこれも停止され、義朝が任じられたのである(宮崎康充編『国司補任』五〈続群書類従完成会、一九九一年〉)。保元の乱以後、播磨守には後白河の近臣が任じられており、ここに義朝は院近臣の地位を確保したとみることができよう。

(241) 『百練抄』平治元年十二月二十五日条。

(242) 以下は注4書二三一~二三三頁。

(243) 『愚管抄』は「尹明はその比は勅勘にて、内裏へもゐまいらぬ程なりければ、中々人もしらでよかりければ」と記す。「勅勘」の者が内裏に出入りすれば、かえって不審を招くのではないかと思われる点が疑問として残る。なお、尹明は『山槐記』応保元年十一月十三日条に「非蔵人尹明」とみえ、永暦二年四月一日条にも活動がみえる。

(244) 伊予内侍は、保元の乱直前の七月六日に逮捕された源親治の姉妹であるらしい(注4書補注五―四九)。

(245) 『愚管抄』に「そのやうは、清盛、尹明にこまかにおしへけり」とある。清盛が(計画を)尹明に教えた、の意であろう。注4書は「清盛・尹明」と並列点を付けており、公教が清盛・尹明に教えたと解しているようであるが、このような細かい実行計画を公教が立てたとは思われない。清盛こそその役にふさわしい。

(246) 『愚管抄』に「ひるより女房の出んずるれう(料)の車とおぼしくて、牛飼ばかりにて、下すだれの車をまいらせておき候はん」とある。この車は朔平門、建春門などの内裏の外郭門に置かれたのであろう。牛車宣旨を受けた者は、内裏の外郭門で乗下車して内裏に出入りした（『世俗浅深秘抄』上）。なお、下簾は女房車に用いられた（『夜の寝覚』二「御車にしたすだれかけ、女房ぐるまの様にて」）。

(247)『愚管抄』に「尹明、候なれたる者にて、むしろを二枚まうけて、筵道に南殿の廻廊に敷て、一枚を歩ませ給ふ程に今一枚をしき〳〵して」とある。筵道は地面に作るものであり、「南殿（紫宸殿）の廻廊」に作ったとするのは不審である。廻廊から地面に降り立つ所に筵を敷いたはずである。

通常の行幸であれば、紫宸殿の南階に輦を寄せ、天皇を階段から直接に輦に乗せるので、天皇が地面に降り立つことはない。神器の剣・璽も同様に南階から輦の中に入れるのである。しかし、この夜はあくまでも天皇の行幸ではなく、女房の退出の形を装ったから、輦を紫宸殿に着けることはできない。牛車は内裏の外郭門に置かれてあったはずであり、二条はそこまで歩いて行くことになるので、どうしても地面に降り立たねばならない。そのときに筵道が作られ、二条はその上を歩いたのである。

(248)『愚管抄』に「丑の時に六波羅へ行幸をなしてけり」とある（注4書二三一頁）。公教方は「夜中」「夜半」に六波羅行幸のことを京中に触れ回ったとあるので（注4書二三四頁）、「丑の時」（午前二時）は二条天皇が六波羅に到着した時刻とみなしうる。

(249) ただし、尹明は神器の鏡（内侍所）を持ち出していない。一人では持ち出せなかったのか、あるいは時間がなかったのか、『愚管抄』もその理由は記していない。

(250) 本書一二八頁。

(251) 本書一四六頁引用の『百練抄』平治元年十二月二十五日条に、後白河は仁和寺に赴いたとある。『愚管抄』は後白河は六波羅に行ったと記すが、これは誤りである。二十六日に信頼は仁和寺に逃げ込んだが、それは後白河に頼ろうとしたためであり、この点は『平治物語』の記述が正しい。
(252) 『愚管抄』は「やがて院の御幸、上西門院・美福門院御幸ども、なり合せ給てありけり」(注4書二三三頁)と記すが、後白河が六波羅に来たとするのは誤りであり、上西門院や美福門院については確かめられない。
(253) 注4書二三四頁。
(254) 「夜半」に二条天皇の使者が覚快法親王を訪れて祈禱を依頼した、という話も記されている(注253)。
(255) 注4書二三三～二三四頁。
(256) 『百練抄』平治元年十二月二十六日条。
(257) 注4書二三四～二三五頁。
(258) 『百練抄』永暦元年正月九日条。『愚管抄』注4書二三五～二三七頁。
(259) 『帝王編年記』(巻二十一)に「(平治元年十二月)廿七日。六条河原に於て信頼の首を斬る」とある。
(260) 注4書二三六頁。
(261) 『日本後紀』弘仁元年九月戊申条。
(262) 『公卿補任』平治元年師仲項。『清獬眼抄』所引「後清録記」永暦元年三月十一日条。
(263) 『公卿補任』仁安元年成親項。
(264) 『平治物語』。
(265) 『清獬眼抄』所引「後清録記」永暦元年三月十一日条。
(266) 『尊卑分脈』。
(267) 本書一二三頁。
(268) 過去の例では、菅原道真の失脚事件がある(九〇一年)。醍醐天皇と貴族が結束し、宇多上皇(父)と対立した

（拙著『古代政治史における天皇制の論理』〈注41〉二九五～二九九頁）。

(269) 注185。

(270) 『顕時卿改元定記』（『続群書類従』十一輯上二六七頁）。

(271) 注180。

(272) 注4書二三七頁。

(273) 永暦元年二月二十日条。

(274) 注4書二三七～二三八頁。また、『今鏡』（すべらぎの下・鄙の別れ）は次のように述べる（注6訳注書〈上〉四九九～五〇〇頁）。

（前略）世みな静まりて、内の御政のままなりしに、帝の御母方、また御めのとなどいひて、大納言経宗、別当惟方などいふ人ふたり、世を靡かせりし程に、院の御ため、御心にたがひて、あまりなる事どもやありけむ、二人ながら内に候ひける夜、あさましき事どもありて、（後略）

(275) さらに『愚管抄』の引用文に「その御前には法性寺殿もおはしましけるとかや」とある点にも注目したい。ここには後白河と忠通との連携がみられる。二十五・六日事件において摂関家の疎外されている情況が明白になっただけに、摂関家にとっても、いかに復権をはたすかということが焦眉の課題であったろう。忠通は後白河に手を貸すことで、局面を打開しようとしたのであろう。

(276) このときの内裏は八条室町殿である（『百練抄』平治元年十二月二十九日・養和元年二月十七日条。注4書補注五－七三）。

(277) 後白河御所は八条堀河第（内裏の西）であるので、この「陣頭」はおそらく内裏の西門（右衛門陣）前であろう（注71参照。注4書二三八頁頭注五）。

(278)『百練抄』永暦元年三月十一日条。『清獬眼抄』所引「後清録記」永暦元年三月十一日条。『公卿補任』。『愚管抄』(注4書二三八頁)。
(279)『公卿補任』仁安元年成範(成憲)項・平治元年俊憲項。
(280)『百練抄』永暦元年二月二十六日条。
(281)後白河は三月二十五日に日吉社に参詣したが、その記事に「平治逆乱の時、別に御願有るの故なり」(『百練抄』永暦元年三月二十五日条)とある。九日事件と二十五・六日事件について後白河なりの何らかの主張があり、それを明らかにしたかったのであろうか。
(282)内裏は八月には大炊御門殿(大炊御門大路北・高倉小路東)に変わっている(『山槐記』永暦元年八月二十二日・二十七日条)。おそらくは内裏を八条室町殿から他所(大炊御門殿等)に移すことを議したのであろう。あるいは、一一六二(応保二)年に二条は「新造里内」の二条東洞院殿(押小路殿)に入っているが(『百練抄』応保二年三月二十八日条)、この二条東洞院殿の新築について議したのかもしれない。
(283)『今鏡』藤波の下・宮城野(注6訳注書〈中〉六二六頁)。多子の入内は『平家物語』巻一(二代后)にも語られている。
(284)『帝王編年記』二条院(後宮)。『尊卑分脈』も永暦元年正月入内とする。
(285)『兵範記』保元三年正月十日条。
(286)『愚管抄』が「さてこの平治元年より応保二年まで三、四年が程は、院・内、申し合つゝ、同じ御心にていみじくありける程に」(注4書二三八頁)と述べているのはこの時期のことであるが、平治の乱後は後白河と二条は対立関係に入り、それが底流をなしているとみなければならない。
なお、『百練抄』永暦元年六月十四日条に、源光保が「謀反」により配流されたとあるが、この事件の正確な内容はわからない。光保の娘は二条天皇の乳母である。

(287)『山槐記』応保元年九月三日条。高倉天皇は諸史料に後白河の第三子、第四子、あるいは第五子とあるが、実際は第六子である。

(288)『山槐記』応保元年九月十五日条。『帝王編年記』同日条。

(289)『百練抄』応保元年九月十五日条。

(290)注4書二三八頁。

(291)『山槐記』応保元年九月四日・九日・十一日・十五日・二十日条。天然痘の流行により、九月四日、永暦から応保に改元された(『顕時卿改元定記』〈『続群書類従』十一輯上〉)。

(292)龍粛「後白河院の治世についての論争」(注50)。

(293)『公卿補任』。

(294)龍粛「後白河院の治世についての論争」(注50)もかかる理解に基づいていると読み取れる。

(295)『今鏡』注6訳注書(下)三六九頁。

(296)『寺門高僧記』(六)に一一九六(建久七)年に四十一歳で死去したとある。

(297)公光の父季成は一一六〇(永暦元)年四月に権大納言を辞して引退し、公光は三十一歳で権中納言に昇進した。

(298)『山槐記』治承三年十一月二十五日条。

(299)『山槐記』永暦元年七月十三日条。

(300)五味文彦氏『平家物語、史と説話』(平凡社、一九八七年)六八頁。

(301)拙著『頼朝の時代―一一八〇年代内乱史―』(平凡社、一九九〇年)二二一〜二二三頁。拙稿「後三条・白河『院政』の一考察」(注61)。

(302) 『山槐記』応保元年十一月二十九日条、『百練抄』応保元年九月二十八日条など。上横手雅敬氏「院政期の源氏」(注101)が『百練抄』などの日付や文字の誤りを指摘されている。
(303) 『百練抄』応保二年三月七日条。
(304) 『帝王編年記』応保二年六月二日条。
(305) 『清獬眼抄』所引「後清録記」応保三(二)年六月二十三日条。『百練抄』応保二年六月二十三日条。『愚管抄』注4書二三八〜二三九頁。
(306) 本稿は「親政」の語を特に在位の天皇に結び付けて用いようとするものではない。たとえば『神皇正統記』(後三条院)に、

此御時より執柄の権おさへられて、君の御みづから政をしらせ給ことにかへり侍にし。

とあるが、この記述の対象には、後三条天皇以後の天皇等の「院政」が含められている(拙稿「日本中世の朝廷・幕府体制」〈『歴史評論』五〇〇号、一九九一年〉)。「院政」とは上皇の「親政」である、と表現することができる。
(307) 『山槐記』応保元年十二月十七日条。『尊卑分脈』。
(308) 『帝王編年記』。
(309) 『百練抄』二条天皇。なお、基実は一一六六(仁安元)年に死去し、摂政は弟の基房に替わった。忠通は一一六四(長寛二)年に死去している。
(310) 注4書二三九頁。
(311) 清盛の妻(時子)は二条天皇の乳母になった(五味文彦氏『平清盛』〈吉川弘文館、一九九九年〉一四六〜一四七頁)。
(312) 『顕広王記』永万元年六月二十五日条に六条を「第一皇子」と記しており、その裏書に、「年二歳。養育に依り、

中宮、一宮として此の事有るか。母は大蔵大輔伊岐致遠法師の女子なり」とある。なお、『帝王編年記』に六条は前年十一月十四日誕生とあり、『百練抄』同年七月二十二日条に二条のもう一人の皇子の誕生が記されているので、六条は元々次男であり、皇位継承者として長男にされたとみられる。

(313) 後白河の四男(円恵)と五男(定恵)の出家の年次は不明であるが、ともに一一六六(仁安元)年には僧籍にある。おそらくは高倉の親王宣下と以仁の元服に同時並行して、この二人も出家を遂げたのではなかろうか。

(314) 『顕広王記』永万元年十二月十六日条に、

院の若宮御元服。十六。大宮に於て此の事有り。宮司等役人たり。故事有りてへり。御名為仁。

とある。「為仁」が以仁の初名であるのかどうかは確認できない。「十六」とあるが、このとき以仁は十五歳である。「大宮」は太皇太后多子であり、以仁の元服が多子邸で行われたことは『平家物語』にもみえる。以仁と多子の関係は確認できないが、親王ではない皇子の元服は太后邸で行うのを「故事」とし、そのために多子邸が選ばれたのではなかろうか。

(315) 以仁の外戚に当たる公光は、一一六六(仁安元)年四月に権中納言・左衛門督の両官を罷免された(『公卿補任』)。解官の理由は不明である。公光はその後復帰することはなかった。

後白河は高倉を直系の継承者と決めた後は、それを変更していない。以仁が皇位継承候補者から外されたことは確かである。一一七九年十一月の平家クーデターにより、後白河と高倉が対立しそうな情況を迎えた時期においても、後白河はなお一貫して、高倉を直系と認めていた。以仁を皇位継承者と認めたことはないし、以仁の挙兵行動を容認してもいない。ただし、以仁は出家させられず、元服を加えたため、なお皇位継承の資格は失われていないという、中途半端な立場に身を置くことになった。おそらくこれは、高倉が夭逝した場合という、万が一の事態に備えようとしたものではなかろうか。後白河の意図をそのように推測したい。したがって、高倉が無事に成人し、さらに安徳らの男子を儲けるに至って、以仁の役割は終わったといえよう（拙著『頼朝の時代—一一八〇年代内乱史—』〈注301〉二二～二三頁、七七～七八頁、八五～九一頁）。

(316)『玉葉』承安元年十二月二十八日条。

(317) このような動向の背景には、摂関家の存在感の希薄化がある。摂関家の嫡流である基実が一一六六（仁安元）年に二十四歳の若さで死去したことにより、摂関家はその権威を回復することがますます困難になった。摂関の地位を継いだ弟の基房は傍流として扱われた。

(318)『平家物語』はこれを西光らが平家打倒を企てた陰謀事件として詳細に叙述しており、「鹿ヶ谷の密議」の名で流布している。しかし、それが事件の真相であるとは思われない。『玉葉』『顕広王記』『愚昧記』などの記録によれば、事件は別の様相を呈している。このころ重大化していた問題は山門と西光との紛争である。後白河は西光を擁護して山門に対し強硬姿勢をとり、武力の発動を平家に命じた。苦境に立った清盛は、山門との衝突を回避するため、非常手段として西光・成親らを粛清したのである。平家打倒計画なるものはその粛清の理由付けに持ち出されたのであり、清盛の捏造である可能性が高い。つまり、このときまでは後白河と清盛は協調関係にあり、この事件をきっかけにして、両者は対立関係に入ってゆくと理解したい。

(319) 拙著『古代政治史における天皇制の論理』（注41）はこの理念を「八世紀型」と名付けた。この「直系」とは、子孫に皇位を継承させることのできる天皇をいう。天皇は直系となるときに、天皇としての権威を具えることができる。

(320) 拙稿「後三条・白河『院政』の一考察」（注61）参照。

保元の乱 関係系図

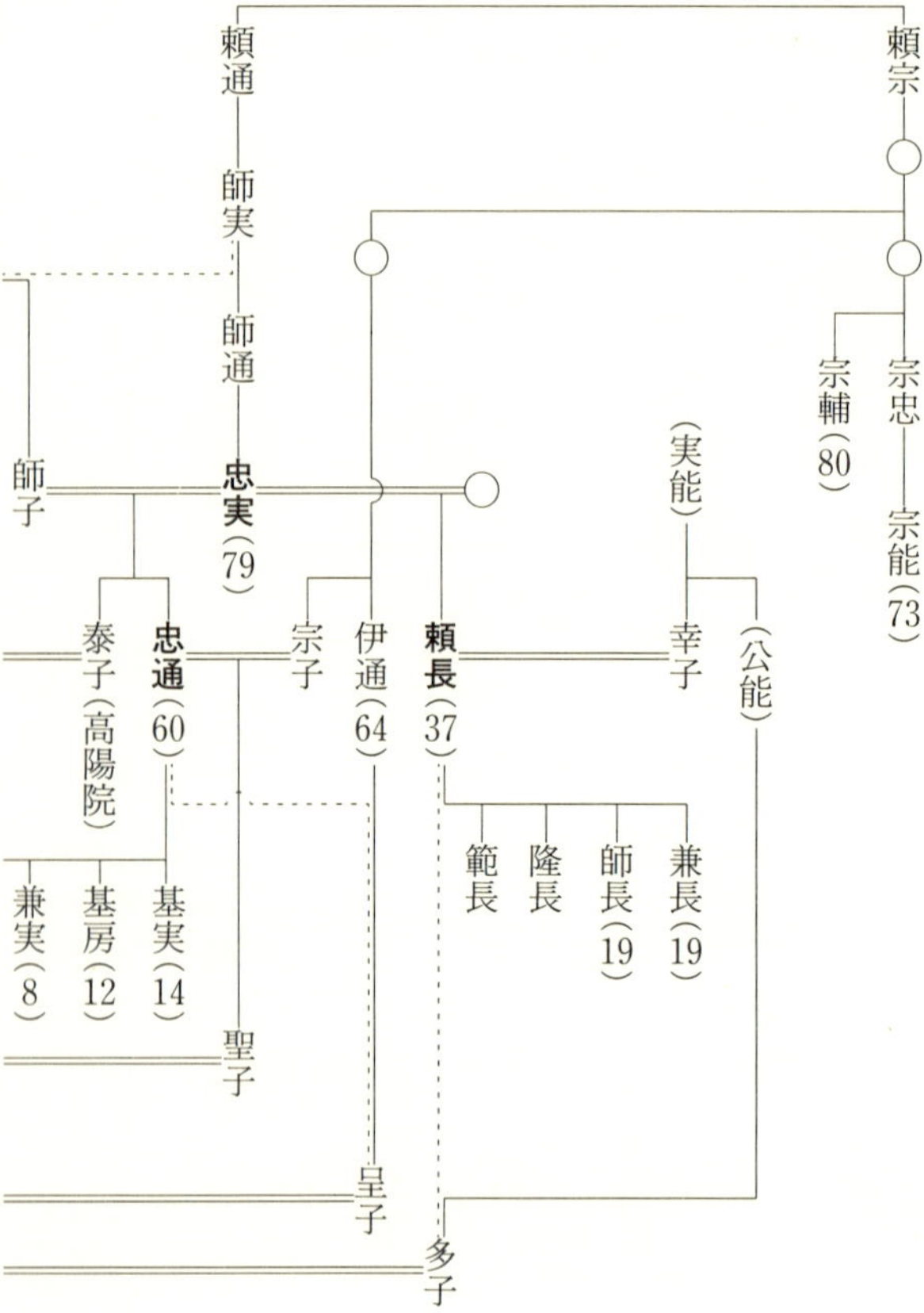
頼宗
宗忠
宗輔（80）
宗能（73）
頼通
師実
師通
師子
忠実（79）
（実能）
幸子
（公能）
泰子（高陽院）
忠通（60）
宗子
伊通（64）
頼長（37）
兼長（19）
師長（19）
隆長
範長
基実（14）
基房（12）
兼実（8）
聖子
呈子
多子

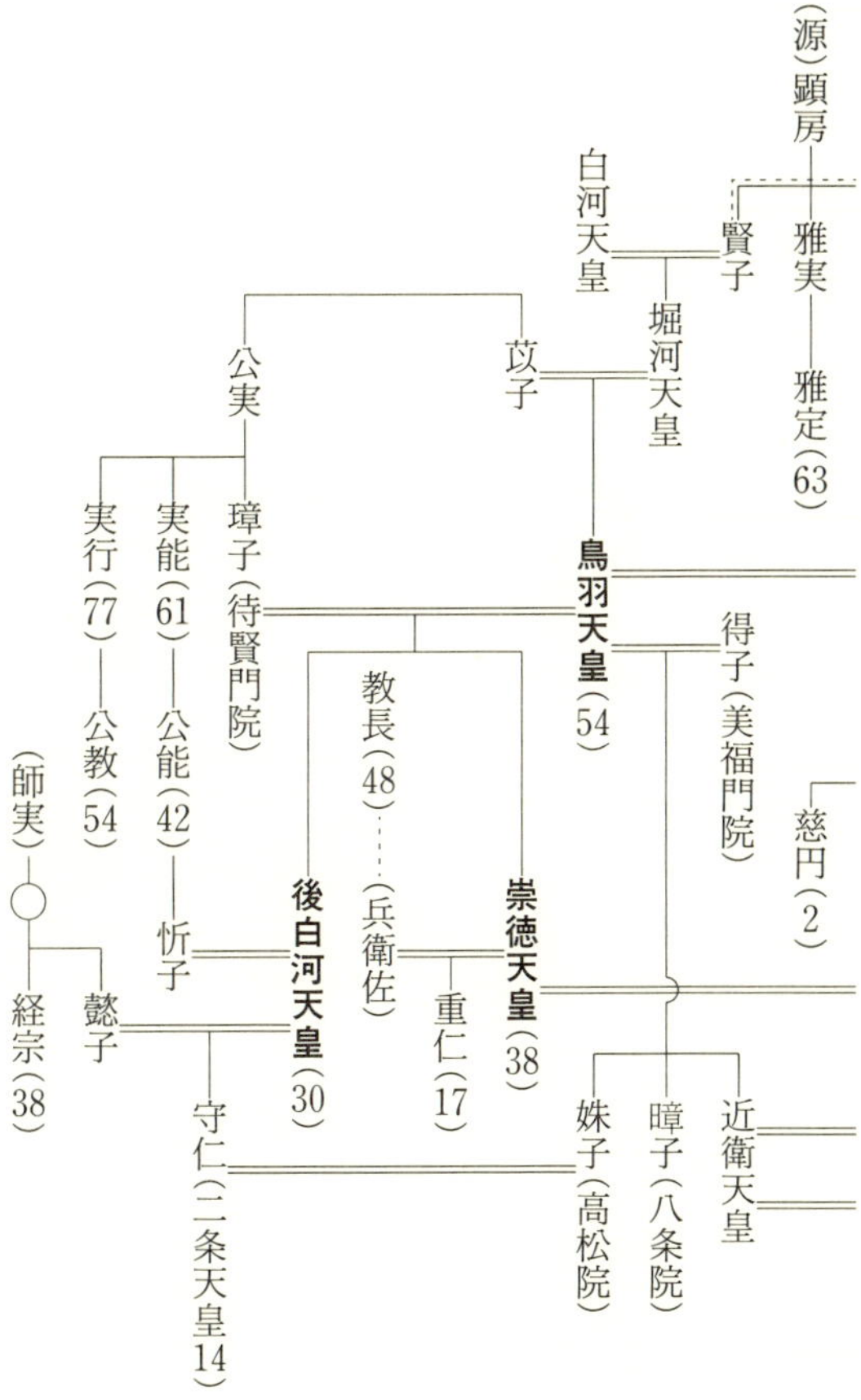
（源）顕房
雅実
雅定（63）
賢子
白河天皇
堀河天皇
苡子
公実
璋子（待賢門院）
実能（61）
実行（77）
公能（42）
公教（54）
鳥羽天皇（54）
得子（美福門院）
慈円（2）
教長（48）
（兵衛佐）
崇徳天皇（38）
重仁（17）
後白河天皇（30）
忻子
（師実）
懿子
経宗（38）
守仁（二条天皇14）
近衛天皇
暲子（八条院）
姝子（高松院）

平治の乱 関係系図

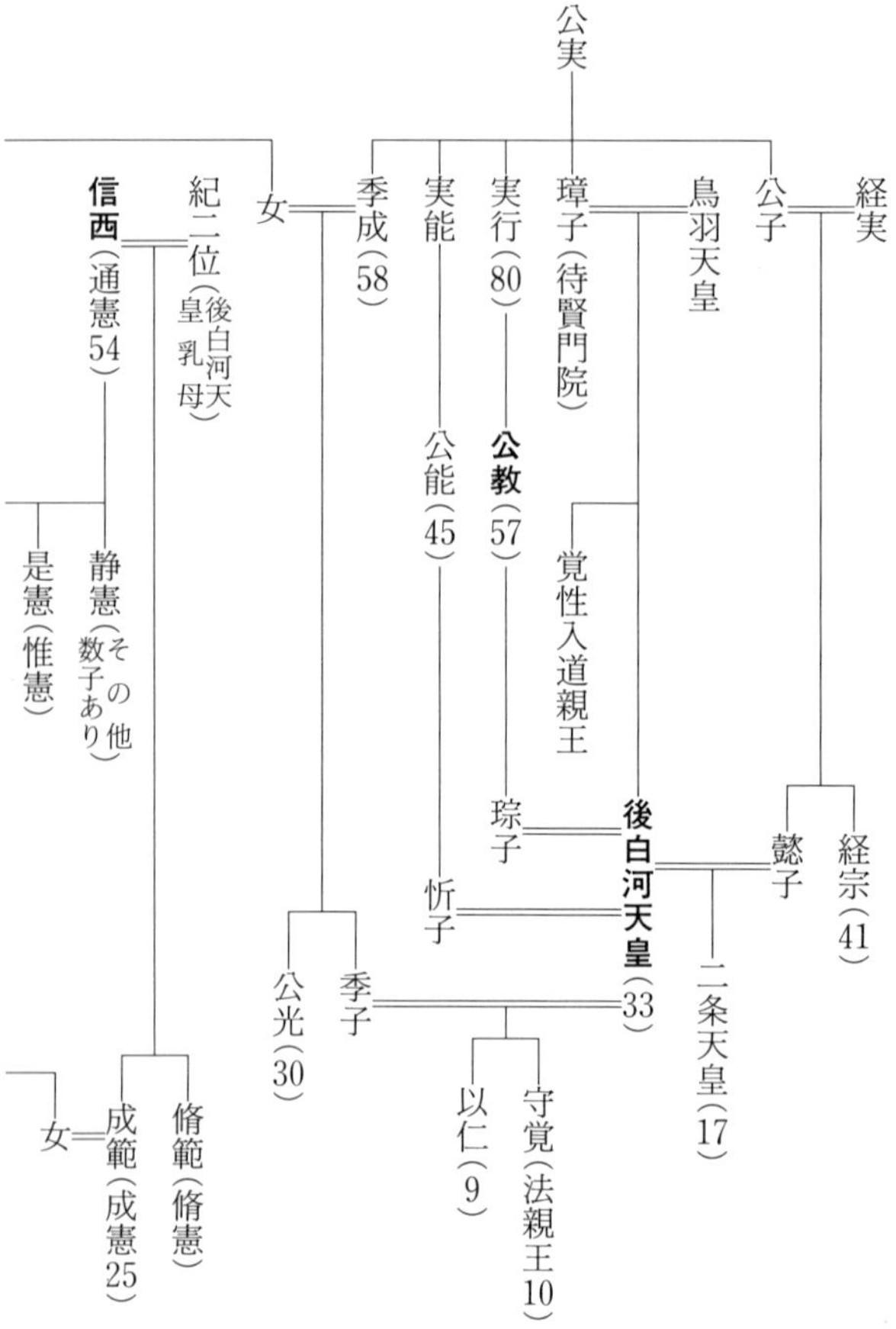

公実
経実
公子
鳥羽天皇
璋子（待賢門院）
実行（80）
実能
季成（58）
女
紀二位（後白河天皇乳母）
信西（通憲54）
公教（57）
公能（45）
覚性入道親王
琮子
忻子
後白河天皇（33）
懿子
経宗（41）
二条天皇（17）
季子
公光（30）
以仁（9）
守覚（法親王10）
静憲（その他数子あり）
是憲（惟憲）
脩範（脩憲）
成範（成憲25）
女

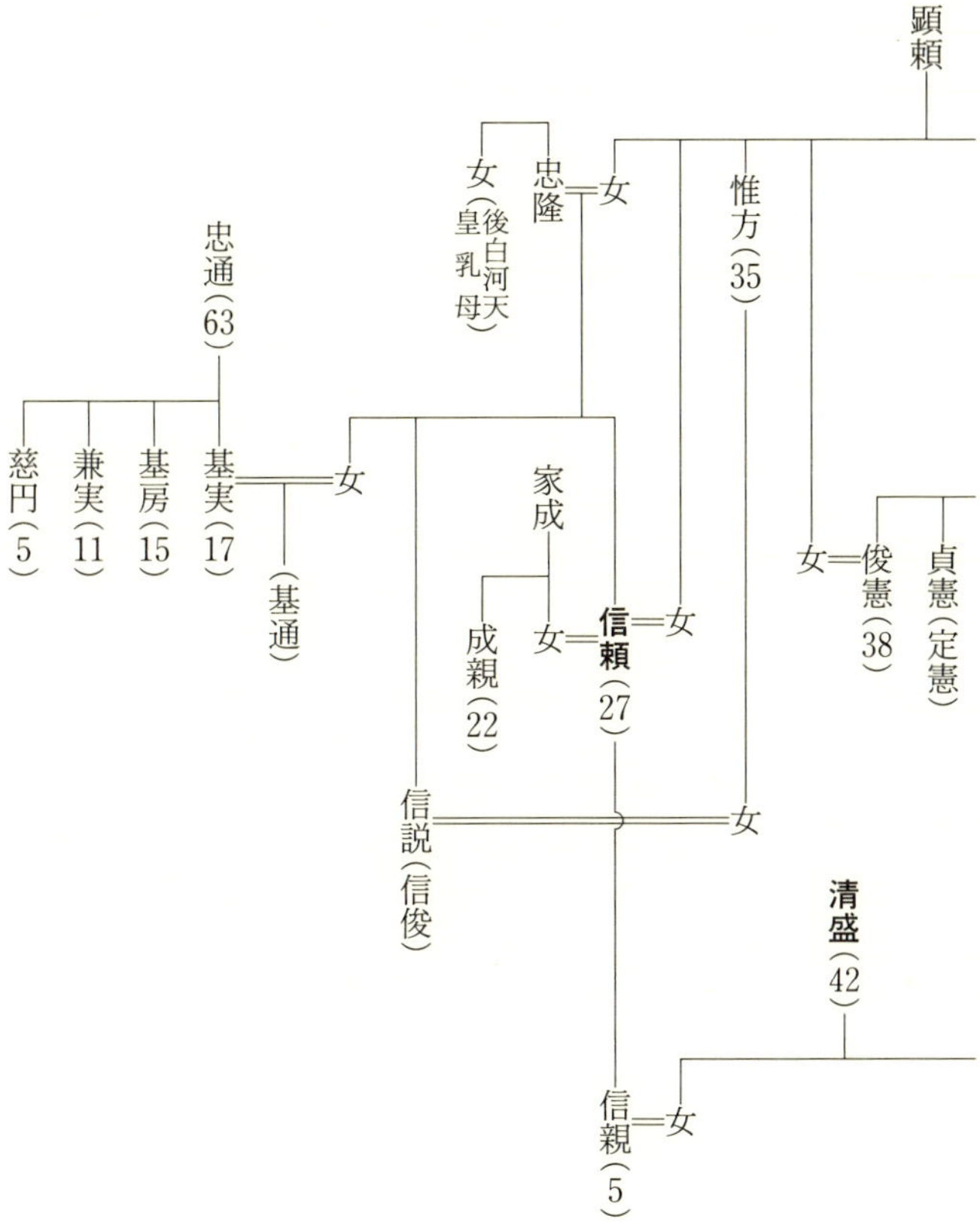
顕頼
惟方（35）
女
忠隆
女（後白河天皇乳母）
俊憲（38）
貞憲（定憲）
女
忠通（63）
基実（17）
基房（15）
兼実（11）
慈円（5）
（基通）
女
家成
成親（22）
女
信頼（27）
女
信説（信俊）
女
清盛（42）
信親（5）
女

あとがき

現代の事件は今生きている我々が最もよく分かるとは限らない。中世の事件は中世人が最もよく分かっていたとは必ずしも言えないところが、歴史のおもしろさであろう。

保元の乱・平治の乱から八百年以上も経った今、慈円や『保元物語』『平治物語』の作者等よりも、自分の方がよりよく事件を理解できるかのように考えるのは、何とも道化じみているが、しかし、そもそも歴史学とはそのような仮想の上に成り立つものなのであろう。そこに歴史学の楽しみが潜んでいるように思われる。

中世政治史の研究は、いわゆる軍記物の作った枠組みから自由になることが必要ではなかろうか。『保元物語』『平治物語』のみではない。『平家物語』『承久記』『太平記』等についても、それらの筋立てを一旦白紙に戻してみよう。そのとき、それらに替わって、現代の我々はどのような新たな構想を描くことができるであろうか。仮想の世界の中で許される想像の可能性を楽しみたいものである。

最後に、本書の刊行について、吉川弘文館の御高配をいただいた。深く感謝の意を表したい。

二〇〇二年三月三十日

河内祥輔

著者略歴
一九四三年、北海道に生まれる
一九七一年、東京大学大学院人文科学研究科国史学専門課程博士課程中退
現在、北海道大学大学院文学研究科教授

〔主要著書〕
『古代政治史における天皇制の論理』吉川弘文館、一九八六年
『頼朝の時代―一一八〇年代内乱史―』平凡社、一九九〇年

保元の乱・平治の乱
二〇〇二年(平成十四)六月十日　第一刷発行
著　者　河内《こうち》祥輔《しょうすけ》
発行者　林　英男
発行所　株式会社 吉川弘文館
東京都文京区本郷七丁目二番八号
郵便番号一一三―〇〇三三
電話〇三―三八一三―九一五一〈代表〉
振替口座〇〇一〇〇―五―二四四
印刷＝平文社　製本＝ナショナル製本
装幀＝清水良洋

ISBN 4-642-07787-1